현대자동차

생산직 필기시험 봉투모의고사

1회

제1회 모의고사
(40문항 / 30분)

01 다음 문장의 의미를 바르게 해석한 것은?

> I think I'm going to call it a day.

① 나는 다른 일을 요청할 생각이야.
② 나는 일을 그만둘 생각이야.
③ 나는 오늘은 여기까지만 할 생각이야.
④ 나는 바로 전화를 걸 생각이야.
⑤ 나는 그걸 취소할 생각이야.

02 다음 기어 배열에서 회전 방향이 다른 기어는?

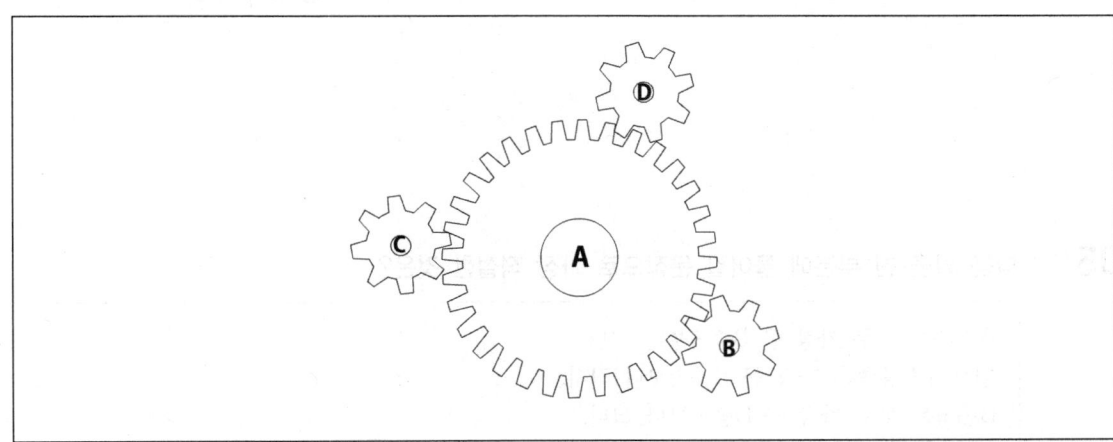

① A ② B
③ C ④ D
⑤ A, B

03 다음 숫자들의 배열 규칙을 찾아 빈칸에 들어갈 알맞은 숫자를 고르면?

> 5124 12 3   533 11 2   8459 26 (   )

① 2 ② 4
③ 6 ④ 8
⑤ 10

04 다음 그림을 회전시켰을 때 나올 수 없는 모양은?

① ② ③ ④ ⑤

05 다음 밑줄 친 부분에 들어갈 문장으로 가장 적절한 것은?

> A종족은 모두 가장 큰 B종족보다 크다.
> 일부의 C종족은 가장 큰 B종족보다 작다.
> B종족은 모두 가장 큰 D종족보다 크다.
> 그러므로, _____

① 어떤 C종족은 가장 작은 A종족보다 작다.
② C종족이 가장 작다.
③ 모든 D종족은 C종족보다 크다.
④ 어떤 D종족은 가장 작은 C종족보다 작다.
⑤ 모든 B종족은 C종족보다 크다.

06 다음 글의 제목으로 가장 알맞은 것은?

> 날씬한 몸매를 선호하는 현대에서 허벅지 굵기가 굵은 것을 콤플렉스로 받아들이는 사람들이 많으나, 허벅지가 굵은 것이 허벅지가 얇은 것보다 건강에 이로울 수 있다는 사실이 위안이 될 수 있을 것이다. 허벅지 굵기를 통해 사람의 건강 상태를 알 수 있다는 것이다.
>
> 최근 한 의과대학 연구팀의 발표에 따르면, 허벅지 근육이 많을수록 수술 후 합병증으로 발생할 수 있는 뇌졸중이나 심장병 등의 질환을 예방하는 데 유리하다고 한다. 이번 연구를 위해 연구팀은 실험 대상을 허벅지 근육량에 따라 세 그룹으로 나눈 후, 허벅지 근육량 이외의 다른 원인을 보정하고 정맥혈전증 위험도를 살펴보았다. 그 결과, 허벅지 근육량이 가장 적은 그룹의 정맥혈전증 위험도는 허벅지 근육량이 가장 많은 그룹보다 약 3배나 더 높은 것으로 나타났다.
>
> 이는 수술 이후에 혈류 순환이 저하되더라도 근육량이 많아 혈관 자체가 우수할 경우 혈관이 저류되어 발생하는 혈전증을 예방할 수 있음을 나타내는 것이다. 수술 이후에는 신체 기능이 급격히 저하되어 마취와 관련된 합병증을 비롯하여 감염이나 피부 문제, 통증과 출혈, 뇌혈관계 합병증 등 다양한 증상이 나타날 수 있는데, 그중 특히 수술 후 혈전이 발생할 경우 수술한 부위는 물론, 신체의 어느 곳으로든 혈전이 이동할 위험이 있다. 체내의 혈전이 모두 위험성을 가지고 있는 것이지만, 특히 혈전이 폐혈관으로 이동할 경우 생명에 위협을 받을 수도 있다. 때문에 의료기관은 수술 이후 움직임이 가능해진 시점부터 혈전 발생을 막기 위한 다양한 재활 치료를 병행하게 된다. 그런데 평소 허벅지 근육량이 많을 경우 이러한 혈전 발생의 위험 자체를 현저히 줄일 수 있다는 것이다.
>
> 뿐만 아니라 최근 각종 의학 연구를 통해 허벅지 근육이 비만과 당뇨병 악화를 예방하는 것은 물론, 뇌세포를 활성화시켜주는 것으로 밝혀주면서 건강 유지를 위해 허벅지 근육 단련의 중요성이 더욱 강조되고 있다. 허벅지 근육 단련에 효과적인 운동은 스쾃이나 계단 오르기 등이지만, 무릎 관절이 약한 노약자의 경우 관절염 악화로 이어질 수 있으므로 주의가 요구된다. 관절에 무리를 주지 않는 선에서 허벅지 근육을 단련하는 데 효과적인 방법은 앉은 자세로 하는 운동들인데, 의자에 앉아서 10초 정도 발을 쭉 펴거나 수건을 무릎 밑에 두고 발목을 10초 정도 당기는 것을 반복하면 관절에 부담을 주지 않으면서도 허벅지 근육을 키울 수 있다.

① 허벅지 근육량과 건강의 상관관계
② 관절을 손상시키지 않는 허벅지 근육 단련 방법
③ 폐혈관 부위로의 혈전 이동에 따른 건강상의 위험 가능성
④ 뇌세포 활성화와 비만 예방에 도움이 되는 허벅지 근육
⑤ 수술 이후 신체 기능 저하로 발생할 수 있는 합병증의 종류

07 냉각수와 부동액에 대한 설명으로 옳지 않은 것은?

① 글리세린은 영구 부동액이다.
② 에틸렌글리콜은 비등점이 197℃이고, 빙점은 -50℃이다.
③ 증류수, 수돗물, 빗물 등의 연수를 냉각수로 사용한다.
④ 메탄올은 비등점이 80℃이고, 빙점은 -30℃이다.
⑤ 에틸렌글리콜은 비등점이 높아 증발되지 않으나 금속의 부식과 열팽창계수가 크다.

08 다음 단위를 적절하게 변환한 것은?

$$62m^2 = (\quad)km^2$$

① 0.062
② 0.0062
③ 0.00062
④ 0.000062
⑤ 0.0000062

09 다음 영단어 중 스펠링이 잘못된 것은?
① create
② calm
③ improbe
④ notify
⑤ hesitate

10 다음 두 입체도형을 결합했을 때 나올 수 없는 형태는?

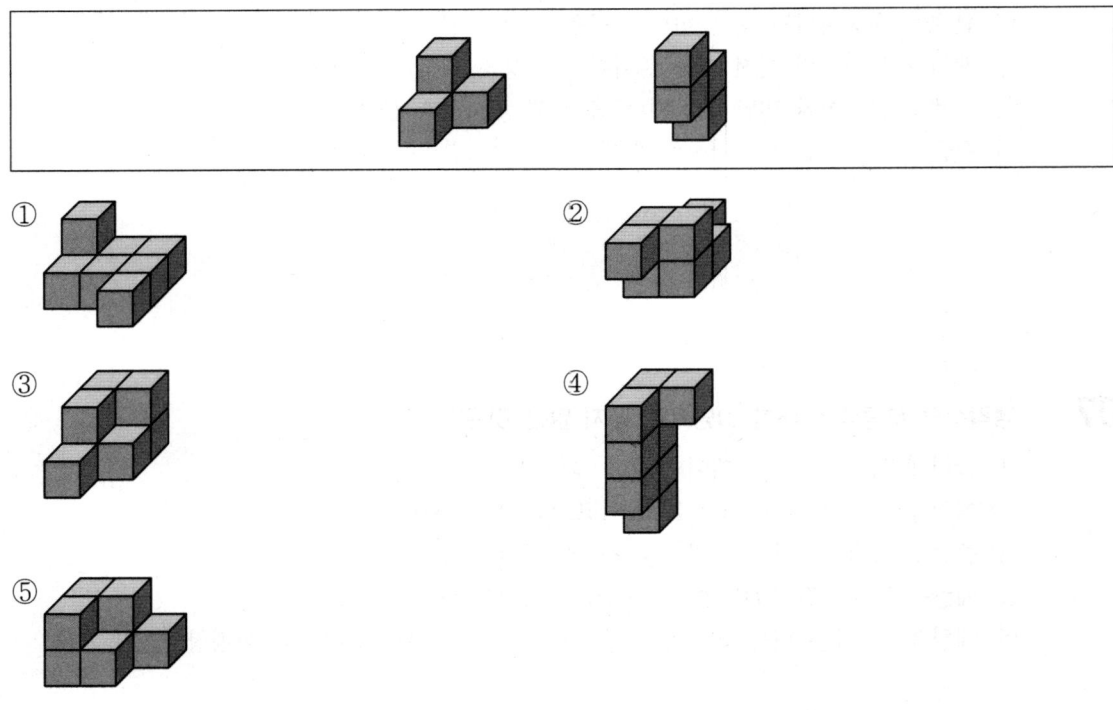

11 타이어의 유효반경이 0.4m인 차륜이 600rpm으로 회전하며 미끄러짐이 없을 때 차량의 속도는 약 몇 km/h인가? (단, 소수점 첫째 자리에서 반올림한다.)

① 30km/h
② 50km/h
③ 70km/h
④ 90km/h
⑤ 110km/h

12 다음 중 맞춤법에 맞지 않는 문장은?

① 그는 긴 여행에 체력이 부쳤다.
② 담배꽁초를 함부로 버리지 마세요.
③ 여기서 잠깐 쉬게 돗자리를 펴라.
④ 큰아버지는 재산 일체를 재단에 기부하셨다.
⑤ 밥만 앉히면 식사 준비가 끝나.

13 다음과 같은 회로에서 가장 적합한 퓨즈의 용량은?

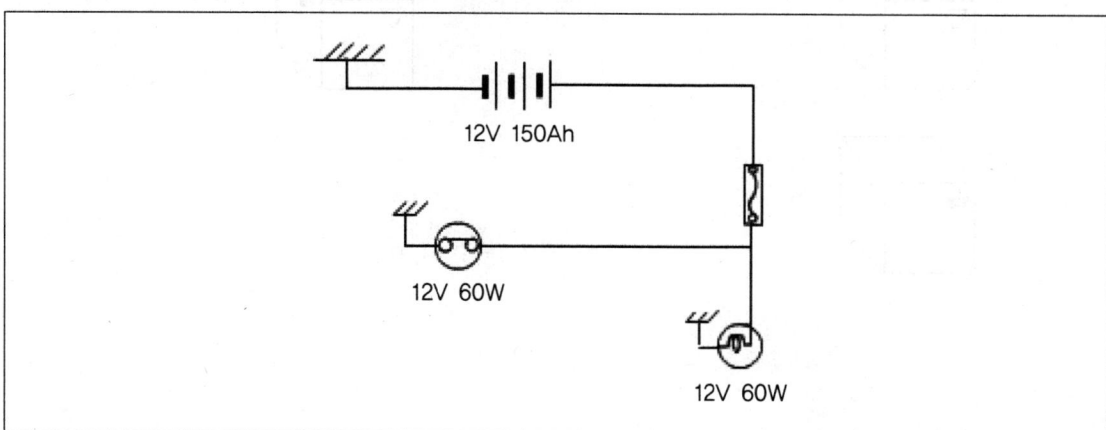

① 10A
② 15A
③ 20A
④ 25A
⑤ 30A

14 다음 문장의 빈칸에 들어갈 단어로 가장 적절한 것은?

> Please (　　) out this form before the interview.

① find
② come
③ fill
④ take
⑤ put

15 다음 전개도를 접었을 때 나올 수 있는 도형으로 알맞은 것은?

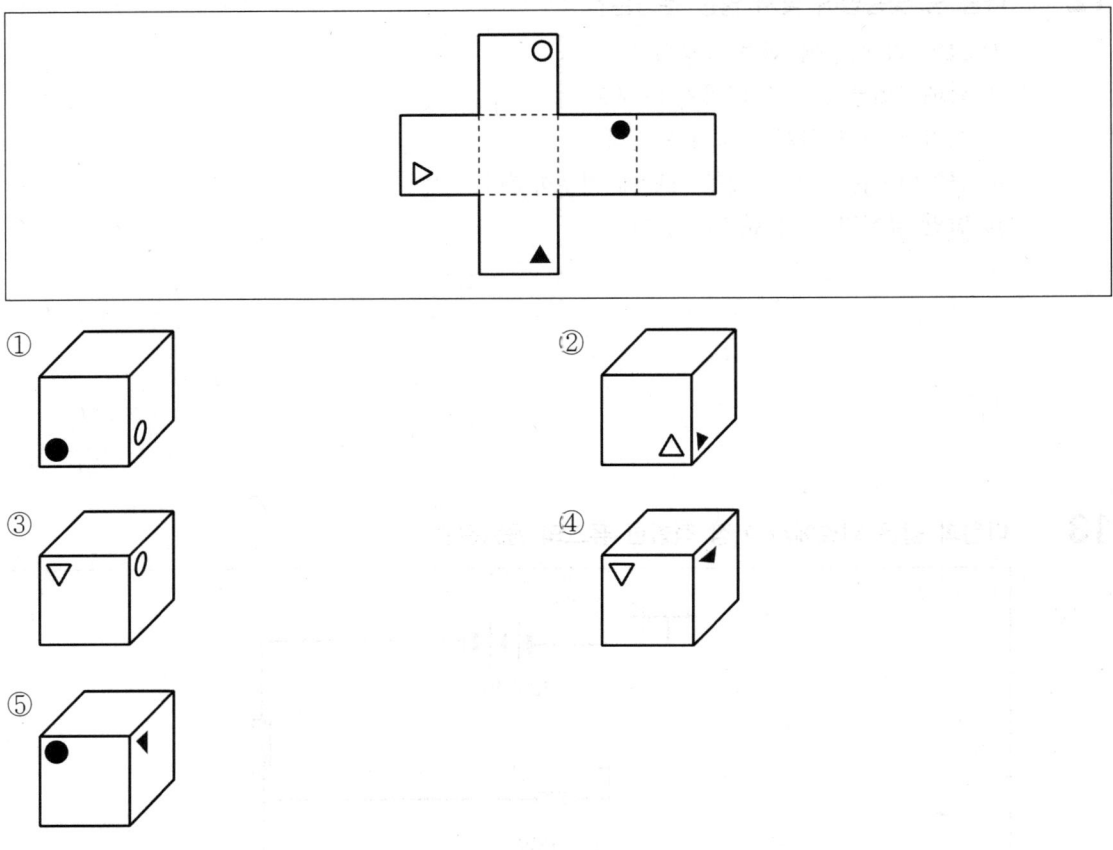

16 단어 간 관계가 나머지 넷과 다른 것은?
① 낙담 : 실망
② 품격 : 기품
③ 지배 : 통치
④ 재능 : 기량
⑤ 심야 : 백주

17 A, B, C, D 네 명이 파티에 참석했는데, 이들은 각각 소설가, 변리사, 연구원, 기자다. 이때, 기자와 연구원이 누구인지 바르게 나열한 것은?

- A는 소설가와 만났지만 D와는 만나지 않았다.
- B는 연구원과 기자를 만났다.
- C는 연구원과 만나지 않았다.
- D는 기자와 만났다.

① C, A
② B, A
③ A, D
④ C, D
⑤ B, D

18 다음은 2025년 10월 갑국의 자동차 매출에 관한 자료이다. 이에 대한 설명으로 옳은 것은?

2025년 10월 갑국의 월매출액 상위 10개 자동차의 매출 현황

순위	자동차	월매출액(억 원)	시장점유율(%)	전월 대비 매출액 증가율(%)
1	A	1,139	34.3	60
2	B	1,097	33.0	40
3	C	285	8.6	50
4	D	196	5.9	50
5	E	(가)	4.6	40
6	F	149	4.5	20
7	G	138	4.2	50
8	H	40	1.2	30
9	I	30	0.9	150
10	J	27	0.8	40

※ 시장점유율(%) = $\dfrac{\text{해당 자동차 월매출액}}{\text{전체 자동차 월매출 총액}} \times 100$

① E자동차의 2025년 9월 매출액이 110억 원이었다면, (가)에 들어갈 값은 162이다.
② 10월 매출액이 가장 큰 상위 2개 자동차의 시장점유율은 70% 이상을 차지한다.
③ 2025년 9월 G자동차의 매출액은 100억 원을 넘지 않는다.
④ 갑국의 전체 자동차 10월 매출 총액은 3,000억 원 이하이다.
⑤ 전월 대비 매출액 증가율이 가장 큰 자동차의 2025년 9월 매출액은 2025년 10월 매출액이 가장 적은 자동차의 매출액보다 크다.

19 다음 제시된 도형을 오른쪽으로 90° 회전시킨 것은?

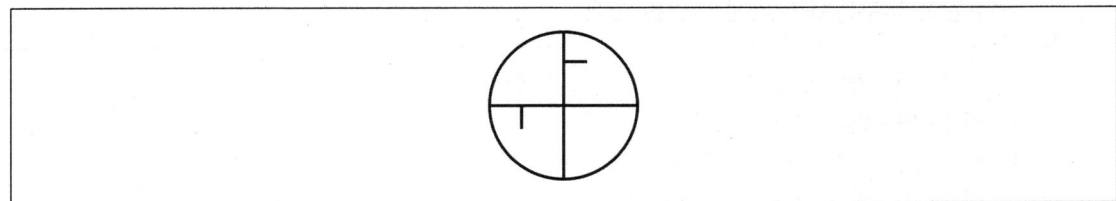

① 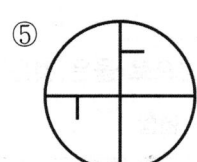   ②

③   ④

⑤

20 다음 중 전기자동차 주행 모드에서 감속(회생제동)이 발생하는 방식으로 옳은 것은?

① 모터(스테이터 코일) → EPCU(인터버 → MCU) → 고전압 정션 박스 → PRA → 고전압 배터리
② 고전압 배터리 → PRA → 고전압 정션 박스 → EPCU(MCU → 인버터) → 모터(스테이터 코일)
③ 모터(스테이터 코일) → EPCU(MCU → 인버터) → PRA → 고전압 정션 박스 → 고전압 배터리
④ 고전압 배터리 → PRA → 고전압 정션 박스 → EPCU(인버터 → MCU) → 모터(스테이터 코일)
⑤ 모터(스테이터 코일) → EPCU(MCU → 인버터) → 고전압 정션 박스 → PRA → 고전압 배터리

21 다음과 같이 원 위에 8개의 점이 있다. 이 중 점 세 개를 선택해서 삼각형을 만든다고 할 때, 만들 수 있는 삼각형의 개수는?

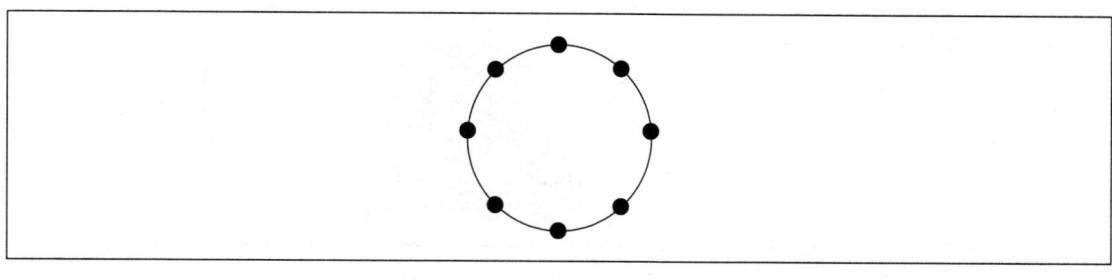

① 52개
② 53개
③ 54개
④ 55개
⑤ 56개

22 다음 중 '채식'이라는 말은 몇 번 나오는가?

> 채식을 하려는 사람들이 흔히 겪는 문제는 먹을 수 있는 음식을 구하기가 만만치 않다는 것이다. 특히 직장인들에게는 여간 번거로운 일이 아니다. 직장인들이 채식을 할 수 있는 가장 좋은 방법은 도시락을 싸는 것이다. 처음 채식을 시작하는 사람 중에는 갑자기 매 끼니를 곡물과 채소로 채우는 경우가 있는데, 이는 현명한 방법이 아니다. 채식을 결심했다면, 먼저 1주일에 한 끼 정도 채식을 해보고 이것이 익숙해지면 5일, 3일, 2일로 간격을 줄여나가는 것이 좋다. 하루 한 끼의 채식을 3개월 이상 지속할 수 있다면 첫 단계는 성공한 것으로 볼 수 있다. 일반적으로 3개월이면 체질의 변화가 어느 정도 이루어진 것으로 볼 수 있기 때문이다. 또한, 다양한 채식 요리를 직접 만들어 보는 것도 도움이 된다.

① 4번
② 5번
③ 6번
④ 7번
⑤ 8번

23 다음은 자동차와 관련된 단어이다. 이 중 영어 표기가 잘못된 것은?

① 하이포이드 기어 - hypoid gear
② 클러치 - clutche
③ 휠 - wheel
④ 에어백 - air bag
⑤ 캐스터 - caster

24 크기가 동일한 블록으로 다음 그림과 같이 쌓을 때, 블록의 개수는?

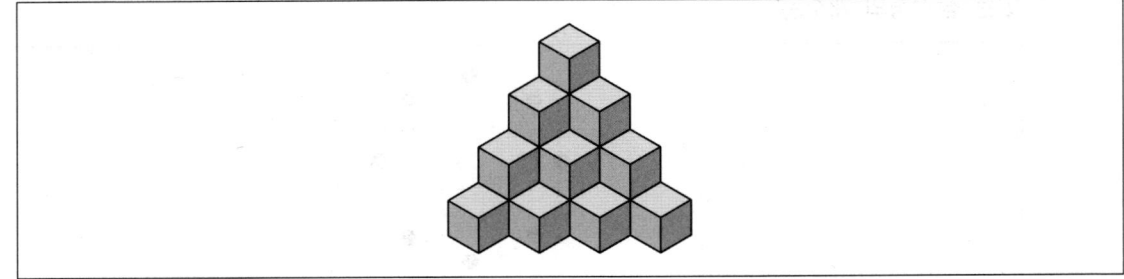

① 18개 ② 19개
③ 20개 ④ 21개
⑤ 22개

25 다음 중 계산 결과가 같은 것은?

$$144 \times \frac{3}{12} - 121 \div 11$$

① $\frac{7}{3} \times \frac{9}{14} + \frac{3}{7} \times 21$
② $\left(0.5 \times 5 + \frac{25}{10}\right) \times 5$
③ $\frac{25}{3} \div \frac{1}{6} - 15$
④ $\frac{9}{16} + \frac{5}{4} \times 3 - \frac{3}{4}$
⑤ $20.5 - \frac{5}{2} \div 10$

26 다음 명제가 모두 참일 때, 항상 참인 것은?

- 부모님의 말씀을 잘 듣지 않는 사람 중에 착한 사람은 없다.
- 사회의 질서에 순종하는 사람만이 부모님의 말씀을 잘 듣는다.
- 어떤 사람은 사회의 질서에 순종하면서 역사의 흐름을 바꾼다.
- 역사의 흐름을 바꾸는 사람은 영웅이거나 악당이다.

① 역사의 흐름을 바꾸는 사람 중 일부는 사회 질서에 순종한다.
② 사회의 질서에 순종하지 않는 사람은 역사의 흐름을 바꿀 수 없다.
③ 사회의 질서에 순종하는 사람이라면 착할 수 없다.
④ 영웅이 되기 위해서는 사회의 질서에 순종해서는 안 된다.
⑤ 영웅도 아니고 악당도 아니라면 역사의 흐름을 바꿀 수 없다.

27 종이를 화살표 순서대로 접은 후 구멍을 뚫고 다시 펼쳤을 때의 그림으로 옳은 것은?

① 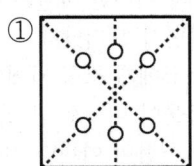   ②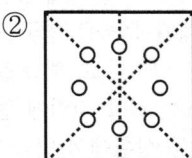

③ 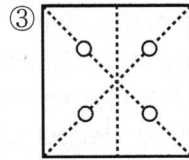   ④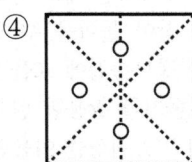

⑤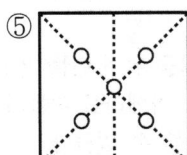

28 핸들이 1회전을 하였을 때 피트먼 암이 60° 움직이는 경우 조향기어비는?
① 6 : 1
② 0.6 : 1
③ 3 : 1
④ 0.3 : 1
⑤ 60 : 1

29 다음 글의 내용과 일치하지 않는 것은?

> 고전적인 서구사회를 배경으로 한 영화나 드라마 등의 매체에서 멀리 있는 상대방에게 소식을 전달하기 위해 매나 부엉이 등의 다리 끝에 편지를 매달아 날려 보내는 장면을 본 적이 있을 것이다. 그렇다면 이렇게 동물을 이용해 필요한 정보를 전달하는 것은 단지 영화적 재미를 위한 장치였을까, 아니면 실제로 가능한 방법일까?
> 최근 미국 중앙정보부(CIA)가 실제로 동물을 활용해 소식을 전달한 사례가 밝혀져 흥미를 자아낸다. 미 중앙정보부가 제2차 세계대전 이후 미국과 소련 간 이념대립으로 전 세계적으로 찾아온 냉전시대의 대(對)소련 첩보작전에 비둘기와 돌고래 같은 동물을 활용했다는 사실이 드러났다. 이러한 사실은 미국 중앙정보부에서 기밀 해제된 문서를 영국 공영방송인 BBC에서 인용해 보도하면서 드러났다.
> 공개된 문서의 작전명은 타카나로, 해당 문서에 따르면 비둘기와 같은 작은 조류에게 소형 카메라를 장착하여 정보수집이 필요한 목표 지역에 접근해 자동 사진을 찍는 방식으로 동물이 미·소 간 첩보전에 투입되었다. 국가 간 갈등 상황에서 비둘기가 정보수집에 활용된 것은 이때가 처음이 아니다. 비둘기는 냉전시대 이전 제1, 2차 세계대전 때도 정보수집에 활용된 바 있는데, 귀소본능이 강해 수백 마일이 떨어진 곳에서도 다시 집을 찾아 돌아올 수 있는 능력이 뛰어난 비둘기의 본능을 이용한 것이다.
> CIA는 일찍이 비둘기가 정보수집에 효율적이라는 사실을 활용, 1970년대 중반에 이르러서는 워싱턴 소재 해군 기지 등에서 비둘기를 활용한 실험을 지속적으로 진행해 왔다. 결과적으로 비둘기가 촬영한 정보수집용 사진의 품질이 인공위성을 이용한 촬영사진보다 그 질이 더 뛰어난 것으로 나타났다. 비둘기가 실험에서 촬영한 140여 개의 사진 중 절반이 고품질로, 정보수집에 실질적으로 활용 가능하다는 사실이 입증되었다.
> 가장 효과적인 정보수집을 위해 막대한 금전적 투자도 함께 이어졌다. 정보수집을 위해 비둘기에게 장착된 카메라의 비용만 무려 2천 달러로, 카메라 전체 무게가 35g으로 초경량이고, 카메라를 비둘기에 매는 벨트도 그 무게가 5g 미만이어서 비둘기가 떨어뜨리지 않고 무리 없이 비행할 수 있었다.
> CIA에 의해 탄생한 이른바 '비둘기 첩보원들'은 고급 정보인 소련 내 1급 첩보 목표를 대상으로 임무를 수행했는데, 1976년에 작성된 메모를 통해 소련의 최신 잠수함을 건조하는 레닌그라드(현 상트페테르부르크)의 조선소 역시 비둘기 첩보원의 정보수집 목표였음이 밝혀졌다. 기밀 해제된 문서에 따르면 CIA는 비둘기뿐만 아니라 1967년까지 돌고래와 새, 개, 고양이 등을 활용한 정보수집 프로그램에 한화 약 7억 2천여만 원에 해당하는 60만 달러를 지출하기도 하였으며, 밝혀진 비둘기 첩보원의 정보수집 내용은 극히 일부분이기 때문에 비둘기 첩보원이 얼마나 많은 작전에 투입됐고, 그 과정에서 어떠한 정보를 수집했는지 여부는 여전히 미스터리로 남아있다.

① CIA가 수많은 조류 중 정보수집 목적으로 비둘기를 특정한 것은 비둘기의 뛰어난 귀소본능 때문이다.
② 냉전시대뿐만 아니라, 두 번의 세계대전에서도 비둘기는 정보수집의 수단으로 활용되었다.
③ CIA의 첩보활동에 활용된 동물은 무게가 가벼운 조류인 비둘기뿐만 아니라 몸집이 큰 돌고래도 있었다.
④ CIA는 비둘기의 첩보능력 관련 실험을 통해 약 50%의 확률로 고품질의 사진을 확보할 수 있었다.
⑤ 비둘기 첩보원의 장점은 정확도가 뛰어나고 사각지대가 존재하는 인공위성이 다다르지 않는 곳의 정보수집이 가능하다는 점이다.

30 다음 중 디젤기관의 장·단점으로 옳은 것은?

① 전기적 점화장치가 있어 고장 요소가 가솔린 엔진보다 적다.
② 배기가스 배출이 가솔린보다 많다.
③ 마력당 중량이 작고, 진동과 소음이 작다.
④ 열효율이 높고, 연료 소비율이 낮다.
⑤ 회전속도가 가솔린보다 크고, 제작비가 싸다.

31 다음 그림들 중 나머지와 다른 하나는?

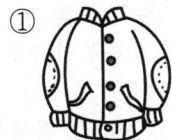 

32 두 단어의 관계가 나머지와 다른 하나는?

① destroy - ruin
② benefit - bonus
③ commerce - business
④ huge - tiny
⑤ spirit - soul

33 다음 글의 내용과 일치하지 않는 것은?

> 조선 전기 조선군의 전술에서는 기병을 동원한 활쏘기와 돌격, 그리고 이를 뒷받침하는 보병의 다양한 화약 병기 및 활의 사격 지원을 중시했다. 이는 여진족이나 왜구와의 전투에 효과적이었는데, 상대가 아직 화약 병기를 갖추지 못한 데다 전투 규모도 작았기 때문이다. 하지만 이러한 전술적 우위는 일본군의 조총 공격에 의해 상쇄되었다.
> 16세기 중반 일본에 도입된 조총은 다루는 데 특별한 무예나 기술이 필요하지 않았다. 그 결과 신분이 낮은 계층인 조총 무장 보병이 주요한 전투원으로 등장할 수 있었다. 한편, 중국의 절강병법은 이러한 일본군에 대응하기 위해 고안된 전술로, 조총과 함께 다양한 근접전 병기를 갖춘 보병을 편성한 전술이었다. 이 전술은 주력이 천민을 포함한 일반 농민층이었는데, 개인의 기량은 떨어지더라도 각각의 병사를 특성에 따라 편제하고 운용하여 전체의 전투력을 높일 수 있었다. 근접전용 무기도 주변에서 쉽게 구할 수 있는 것이 이용되었다.
> 조선군의 전술은 절강병법을 일부 수용하면서 기병 중심에서 보병 중심으로 급속히 전환되었다. 조총병인 포수와 각종 근접전 병기로 무장한 살수에 전통적 무예인 활을 담당하는 사수를 포함시켜 편제한 삼수병 체제에서 보병 중심 전술이 확립되었음을 볼 수 있다. 17세기 중반 이후 조총의 신뢰성과 위력이 높아지면서 삼수 내의 무기 체계의 분포에도 변화가 시작되었다. 상대적으로 사격 기술을 익히기 어렵고 주요 재료를 구하기 어려웠던 활 대신, 조총이 차지하는 비중이 점점 증가했다.
> 조선에서의 새로운 무기 수용과 전술의 변화는 단순한 군사적 변화에 그치지 않고 정치적, 경제적 변화를 수반하였다. 군의 규모는 관노와 사노 등 천민 계층까지 충원되면서 급격히 커졌고, 군사력을 유지하기 위해 백성에 대한 통제도 엄격해졌다. 성인 남성에게 이름과 군역 등이 새겨진 호패를 차게 하였으며, 거주지의 변동이 있을 때마다 관가에 보고하게 하였다. 대규모 군사력의 운용으로 국가 단위의 재정 수요도 크게 증대했는데, 대동법은 이러한 수요에 부응하는 제도이기도 했다. 선혜청에서 대동법의 운영을 전담하면서 재정권의 중앙 집중화가 시도되었으며, 이에 따라 지방에서 자율적으로 운영하던 재정의 상당 부분이 조정으로 귀속되었다. 한편, 가호(家戶)를 단위로 부과하던 공물을 농지 면적에 따라 쌀이나 무명 등으로 납부하게 하여, 논밭이 없거나 적은 농민들의 부담은 줄어들었다.

① 조선군의 전술은 16세기 중반 이후 기병 중심에서 보병 중심으로 전환되었다.
② 일본에 조총이 도입되면서, 이에 대항하기 위해 중국군은 절강병법을 고안하였다.
③ 17세기 중반 이후 삼수 내에서는 활 대신 조총이 차지하는 비중이 높아졌다.
④ 호패제가 도입된 것은 군의 규모가 커지면서 백성을 통제하기 위함이었다.
⑤ 대동법의 시행으로 중앙의 재정이 늘어난 반면, 농민들의 부담은 증가하였다.

34 A코인을 샀더니 한 달 후에 30%만큼 가격이 올라서 최고가를 기록했는데, 다시 한 달 후에는 최고가에서 50%만큼 떨어진 가격으로 팔게 되었다. 이때 21,700원을 손해 보았다면 살 때의 가격은 얼마였는가?

① 56,000원
② 58,500원
③ 60,000원
④ 62,000원
⑤ 64,500원

35 다음 제시된 입체도형 중 나머지 넷과 다른 하나는?

①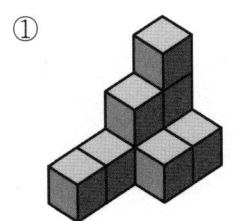
②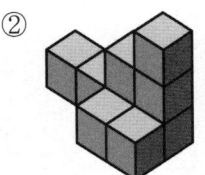
③
④
⑤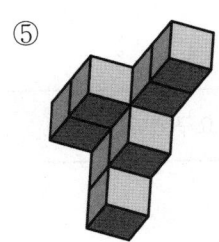

36 다음 중 LPG의 특성으로 옳지 않은 것은?
① 무색·무취이지만 공기보다 비중이 높아 가스가 새어 나올 경우 위험성을 보안하기 위해 고압가스 관리법에 의해 독한 냄새가 나도록 하고 있다.
② 기화 시 공기와의 산화 작용으로 타르가 발생하는 특성이 있어 타르 배출구가 필요하다.
③ 기체의 비중은 공기보다 3~4배 무겁다.
④ 연료저장 공간에는 온도에 의한 팽창력을 고려하여 일정한 공간을 두어야 한다.
⑤ 착화점의 경우 경유는 350~450℃, 가솔린은 500~550℃, 프로판은 450~550℃, 부탄은 470~540℃이다.

37 다음 제시된 도형에 적용된 규칙을 찾아 '?'에 해당하는 도형으로 가장 적절한 것을 고르면?

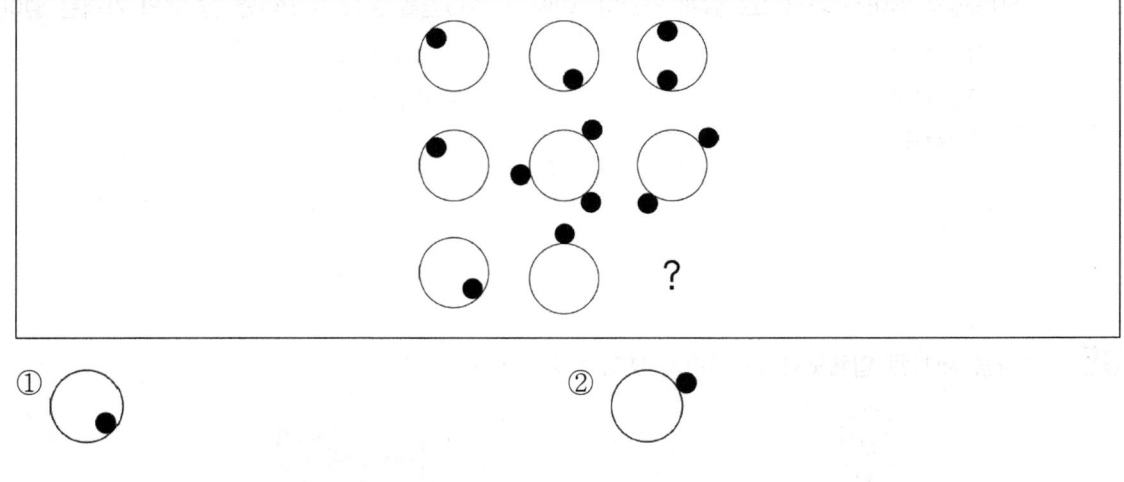

①

38 다음 밑줄 친 단어와 같은 의미로 사용된 것은?

> 당원들은 새로운 당 대표에게 분명한 태도를 <u>취할</u> 것을 요구했다.

① 수술 후에는 충분한 휴식을 <u>취하셔야</u> 합니다.
② 국세청은 세금 체납자들에 대하여 적극적인 환수 조치를 <u>취할</u> 예정이다.
③ 세계적인 서커스단은 관중들이 공중 묘기에 <u>취할</u> 것이라고 단언했다.
④ 그는 긴장한 나머지 30분 넘게 주먹을 꼭 쥔 자세를 <u>취하고</u> 있었다.
⑤ 오늘 밤 술을 너무 많이 마신 터라 알코올에 <u>취할</u> 것이다.

39 다음 대화의 밑줄 친 부분에 들어가기에 가장 적절한 문장은?

> A: Professor, I have some questions about the mid-term exam.
> B: I'm sorry. I have a meeting in five minutes.
> A: Could I please schedule an appointment?
> B: _____

① How about three this afternoon?
② I think the test was rather easy.
③ I can't figure it out.
④ Can you study before we meet?
⑤ The exam is tomorrow.

40 다음은 2025년 행복지수 8위에 드는 국가의 연령대별 행복지수 순위에 대한 자료이다. 〈조건〉을 이용하여 A, D에 해당하는 국가를 바르게 나열한 것은?

2025년 행복지수 8위에 드는 국가의 순위

순위	20대 미만	20대~50대	60대 이상
1	덴마크	덴마크	덴마크
2	(A)	(A)	오스트리아
3	노르웨이	(D)	뉴질랜드
4	오스트리아	(B)	(C)
5	(C)	(C)	(B)
6	(B)	노르웨이	노르웨이
7	(D)	오스트리아	(D)
8	뉴질랜드	뉴질랜드	(A)

※ 순위의 숫자가 클수록 순위가 낮음을 의미한다.

조건
㉠ 호주와 아이슬란드 각각은 20대 미만과 20대~50대의 행복지수의 순위가 동일하지만 60대 이상에서는 호주는 다른 두 항목에 비해 순위가 낮고 아이슬란드는 높다.
㉡ 캐나다와 네덜란드는 20대 미만의 순위에 비해 20대~50대의 순위가 높고, 20대~50대의 순위에 비해 60대 이상의 순위가 낮다.
㉢ 20대 미만의 행복지수 순위는 캐나다가 네덜란드보다 높고 20대~50대의 행복지수 순위는 네덜란드가 캐나다보다 높다.

	A	D
①	호주	캐나다
②	호주	네덜란드
③	호주	아이슬란드
④	아이슬란드	캐나다
⑤	아이슬란드	네덜란드

현대자동차

생산직 필기시험

현대자동차

생산직 필기시험
봉투모의고사

/

2회

제2회 모의고사
(40문항 / 30분)

01 다음 그림에서 스프링 상수가 $k_1 = 0.3$kgf/mm, $k_2 = 0.6$kgf/mm일 때, 전체 스프링 상수는 몇 kgf/mm인가?

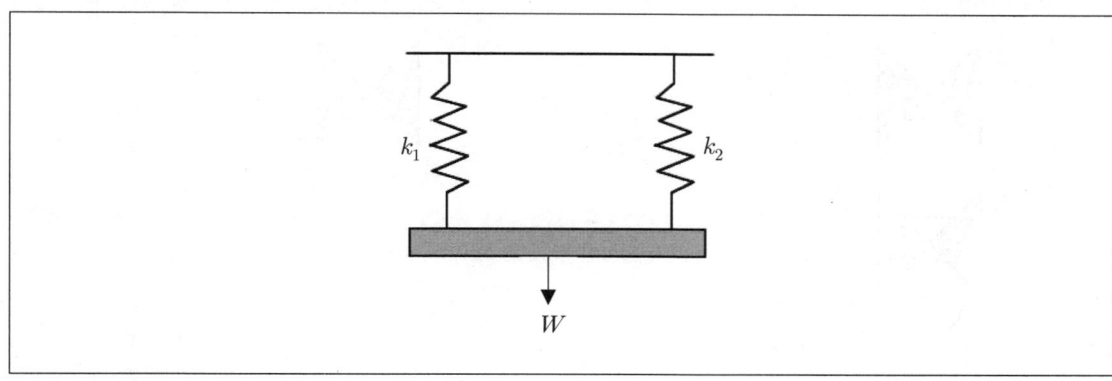

① 0.2
② 0.3
③ 0.6
④ 0.8
⑤ 0.9

02 다음은 자동차와 관련된 단어이다. 이 중 영어 표기가 잘못된 것은?
① 실린더 블록 − sylinder block
② 인버터 − inverter
③ 노즐 − nozzle
④ 캠버 − camber
⑤ 세단 − sedan

03 두 자연수가 있다. 큰 수의 4할과 작은 수의 2할의 차는 16이고, 큰 수의 7할과 작은 수의 5할의 합은 62이다. 이때 두 자연수 중 작은 수의 값은?
① 40
② 45
③ 50
④ 60
⑤ 65

04 다음 제시된 도형과 같은 도형은?

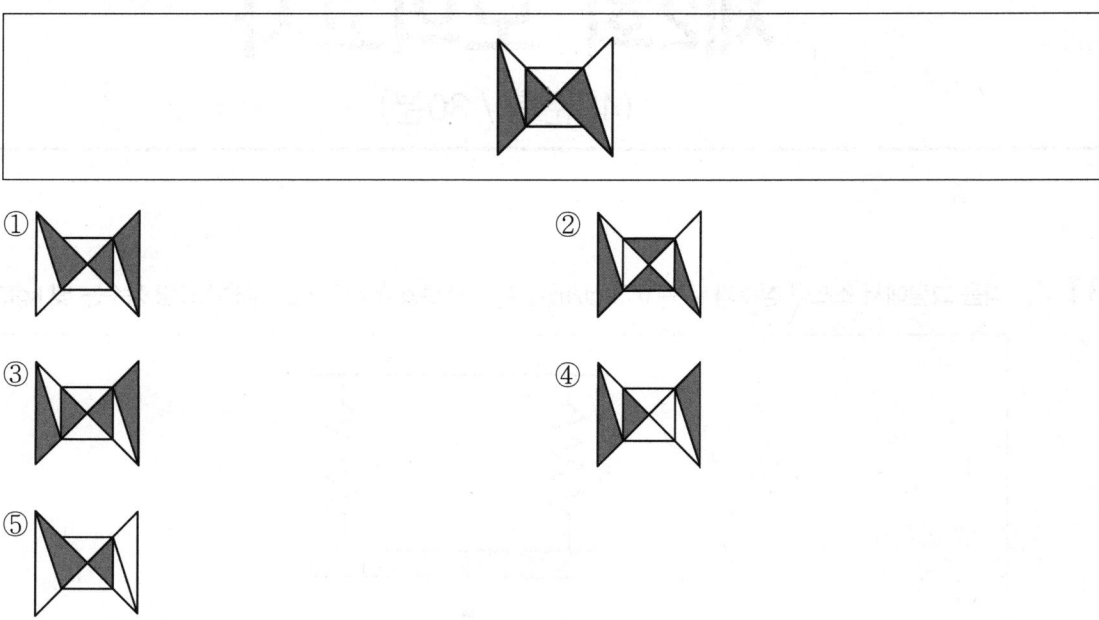

05 다음 밑줄 친 부분에 들어갈 문장으로 가장 적절한 것은?

> 축구를 좋아하는 사람은 달리기를 잘한다.
> 달리기를 잘하는 사람은 야구도 잘한다.
> 민규는 축구를 좋아한다.
> 그러므로, _____

① 민규는 달리기를 좋아한다.
② 민규는 야구를 잘한다.
③ 민규는 축구를 잘한다.
④ 민규는 야구를 좋아한다.
⑤ 민규는 야구를 좋아하지 않는다.

06 종이를 화살표 순서대로 접은 후 구멍을 뚫고 다시 펼쳤을 때의 그림으로 옳은 것은?

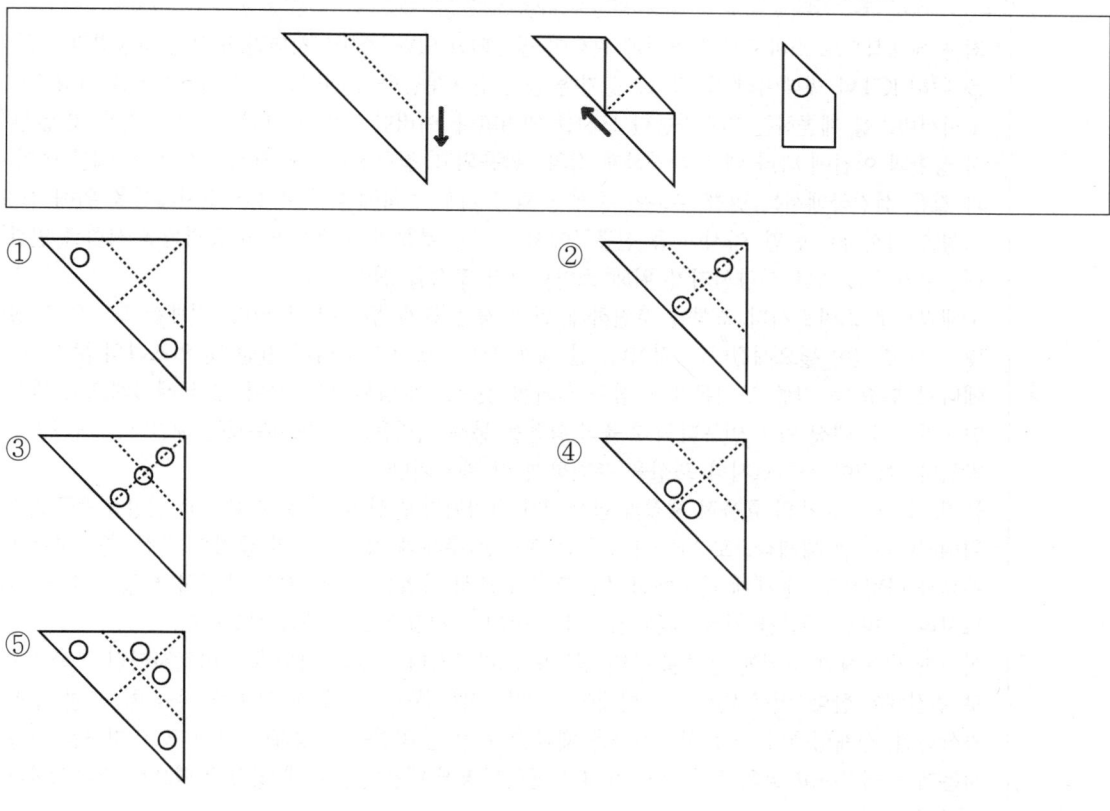

07 다음 그림과 같이 지레에서 물체의 무게는 450N, 받침점과 물체 사이의 거리는 1m, 받침점과 힘점 사이의 거리는 3m이다. 이때 물체를 들어 올리는 데 드는 최소의 힘 F는 몇 N인가? (단, 지레의 무게, 마찰 등은 무시한다.)

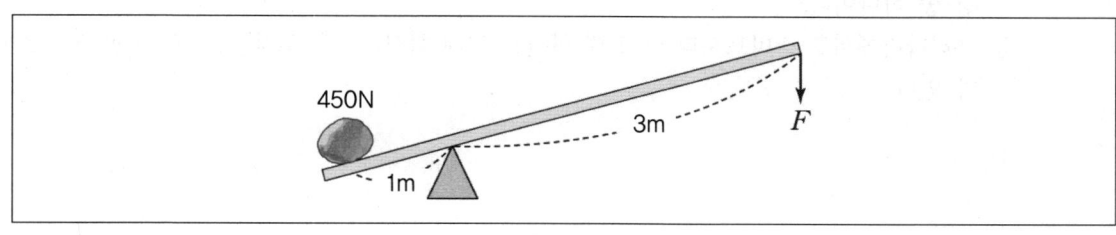

① 140N ② 150N
③ 160N ④ 170N
⑤ 180N

08 다음 글의 내용과 일치하지 않는 것은?

최근 세계적으로 스마트시티 조성에 관심이 집중되고 있다. 스마트시티란 도시의 경쟁력과 삶의 질 향상을 위해 ICT나 빅데이터 등 정보통신기술 등을 융·복합하여 건설된 도시기반시설을 바탕으로 다양한 도시서비스를 제공하는 지속가능한 도시를 의미한다. 이러한 스마트시티는 각국의 경제 및 발전수준, 도시 상황과 여건에 따라 매우 다양하게 정의·활용되고, 접근전략에도 차이를 보인다. 예를 들어 유럽 등과 같은 선진국에서는 민간 부문이 주체가 되어 기후 변화에 대응하거나 도시재생을 위해 스마트시티 조성을 실시하는 반면, 아시아 등 신흥국에서는 공공 부문이 주체가 되어 급격한 도시화로 인한 문제를 해결하거나 경기를 부양시키기 위해 스마트시티 조성을 실시한다.

구체적으로 스마트시티 조성을 추진하게 된 배경은 크게 두 가지가 있다. 첫째는 도시의 경쟁력 제고 및 질적 발전이 필요해졌다는 점이다. 전 세계적으로 도시화에 따른 자원 및 인프라의 부족, 교통 혼잡, 에너지 부족 등 각종 도시문제가 점차 심화될 것으로 전망되었고, 이에 대한 해결책으로 새로운 도시 인프라 확충 대신 기존 인프라의 효율적 활용을 통해 저비용으로 도시문제를 해결하는 접근방식이 주목받았다. 이것이 스마트시티 조성을 추진하게 한 배경이다.

둘째로는 도시문제의 효율적 해결과 함께, 4차 산업혁명에 선제적으로 대응하고 신성장 동력을 창출하기 위해서이다. 전 세계적으로 나타나고 있는 저성장 추세와 첨단 ICT의 급격한 발전, 증가하는 도시개발 수요를 바탕으로 전 세계 각국에서 스마트시티 조성 사업을 경쟁적으로 추진하고 있다. 이에 따라 스마트시티는 향후 10년간 가장 빠른 성장이 예상되는 시장으로 평가되기도 한다.

이러한 세계적인 추세에 발맞춰 우리 정부도 스마트시티 조성과 나아가 스마트시티의 확산을 필수적으로 추진해야 한다. 이를 위해서는 빅데이터·인공지능(AI) 등 지능형 인프라, 자율 차, 드론 등의 이동체, 가상현실, 신재생에너지 등 혁신기술을 체감할 수 있는 공간을 조성해야 하며, ICT 기술을 활용하여 도시문제를 해결하고 삶의 질을 높이며, 4차 산업혁명에 대응하는 미래 성장 동력으로 스마트시티 정책을 추진해야 한다.

① 스마트시티는 IT기술이 융합되어 건설된 도시로 지속가능한 도시를 의미한다.
② 나라마다 스마트시티에 대한 활용 및 접근전략에 차이가 있으며, 선진국의 경우 민간에서 주체가 되어 실시한다.
③ 기존 인프라의 활용 대신 새로운 도시 인프라의 확충에 집중하게 되면서 스마트시티 조성을 추진하게 되었다.
④ 저성장 추세에 대한 해결 및 4차 산업혁명에의 선제적 대응은 스마트시티 조성을 추진하게 된 배경 중 하나이다.
⑤ 우리나라에서도 스마트시티 조성 및 확산을 위해 혁신기술을 체감할 수 있는 공간을 조성할 필요가 있다.

09 다음 문장의 의미를 바르게 해석한 것은?

> We tend to judge ourselves more positively than others.

① 우리는 다른 사람들과 마찬가지로 자기 자신을 판단해야 한다.
② 우리는 다른 사람들보다 자신을 더 긍정적으로 판단해야 한다.
③ 우리는 다른 사람들보다 자기 자신에게 더 집중해야 한다.
④ 우리는 다른 사람들보다 자신에게 더 엄격하게 대하는 경향이 있다.
⑤ 우리는 다른 사람들보다 자신을 더 긍정적으로 판단하는 경향이 있다.

10 다음 그림의 핀의 명칭과 그 용도로 옳은 것은?

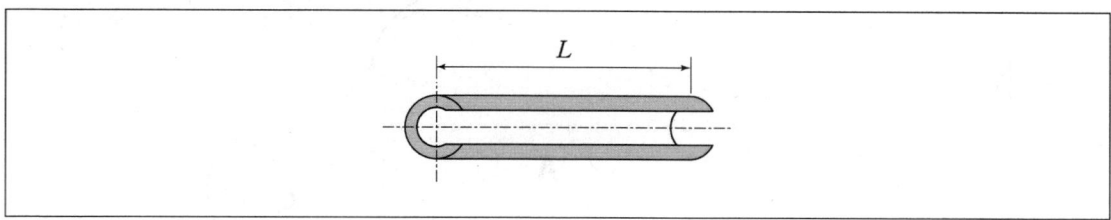

① 평행 핀: 위치 고정용
② 테이퍼 핀: 미끄럼 방지용
③ 슬롯 테이퍼 핀: 미끄럼 방지용
④ 분할 핀: 나사 풀림 방지용
⑤ 스프링 핀: 탄성을 이용한 고정용

11 다음과 같이 블록을 쌓았다. 그림에서 보이는 면만 색칠할 때, 두 면만 칠해지는 블록의 개수는?

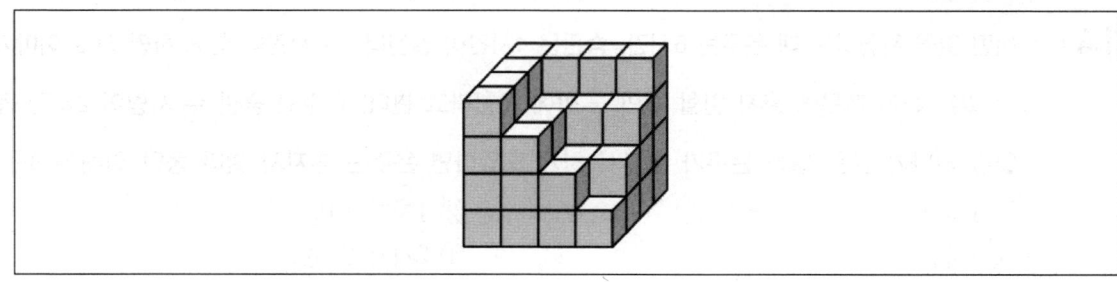

① 3개 ② 4개
③ 5개 ④ 6개
⑤ 7개

12 다음 숫자들의 배열 규칙을 찾아 빈칸에 들어갈 알맞은 숫자를 고르면?

| 0.5 0.6 1.8 4.1 7.5 12 17.6 ( ) |

① 23.4 ② 24.3
③ 25.8 ④ 26.2
⑤ 27.7

13 A기어의 회전 방향은 어느 쪽인가?

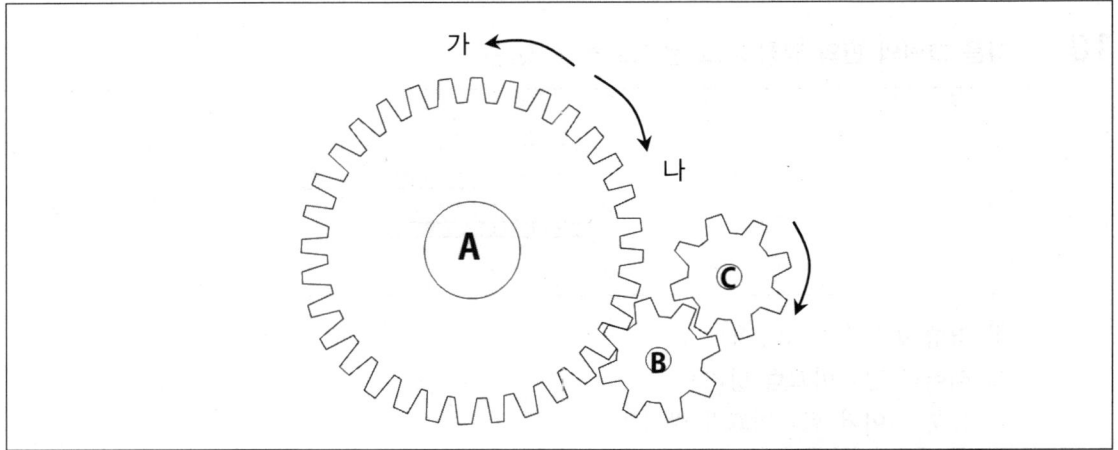

① 가 ② 나
③ 기어가 고정된다. ④ 알 수 없다.
⑤ 회전 방향은 계속 바뀐다.

14 어떤 일을 완성하는 데 은주는 6시간, 승관은 4시간이 걸린다. 두 사람이 함께 하면 서로 이야기를 하면서 일을 하기 때문에 혼자 일할 때의 $\frac{4}{5}$밖에 못한다고 한다. 은주와 승관 두 사람이 2시간 동안 같이 일을 하다가 남은 일을 은주가 혼자서 하게 되었다면 은주는 혼자서 얼마 동안 일해야 하는가?

① 1시간 ② 1시간 10분
③ 2시간 ④ 2시간 20분
⑤ 2시간 30분

15 다음 영단어 중 스펠링이 잘못된 것은?

① specific
② temporary
③ primary
④ mandatary
⑤ produce

16 다음 제시된 도형을 180° 회전시킨 것은?

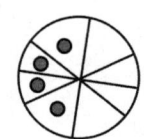

①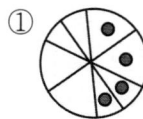
②
③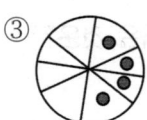
④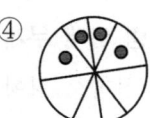
⑤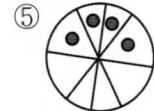

17 다음 밑줄 친 단어와 같은 의미로 사용된 것은?

> 화가 난 그는 문을 <u>세게</u> 닫고 나가버렸다.

① 올해 시험은 경쟁률이 <u>세어서</u> 합격을 기대하기 어렵다.
② 그 집안 사람들은 모두 고집이 아주 <u>세다</u>.
③ 밤사이 바람이 <u>세게</u> 불어 창문이 심하게 흔들렸다.
④ 시어머니는 며느리의 팔자가 <u>세다며</u> 타박하기 일쑤였다.
⑤ 그는 중학교 선수 시절부터 공을 <u>세게</u> 던지기로 유명한 투수였다.

18 다음은 2025년 우리나라 초·중·고등학생의 사교육 현황을 나타난 자료이다. 한 달을 4주라고 했을 때, 사교육에 참여한 초등학생의 시간당 사교육비로 옳은 것은? (단, 원 단위 미만은 버림하여 계산한다.)

우리나라 초·중·고등학생의 사교육 현황

구분	총 사교육비 (억 원)	학생 1인당 연평균 사교육비 (만 원)	학생 1인당 월평균 사교육비 (만 원)	주당 평균 사교육 참여시간
평균	69,573	287.1	23.9	6.7
초등학생	97,080	294.3	24.5	8.2
중학생	60,396	305.8	25.5	7.7
고등학생	51,242	261.1	21.8	4.1

① 6,120원
② 6,785원
③ 7,469원
④ 8,112원
⑤ 8,854원

19 다음 중 현가장치에서 스프링 아래 무게 진동의 종류와 설명을 올바르게 짝지은 것은?

① 휠 트램프: Z축 방향의 상하로 평행운동하는 고유진동
② 와인드업: X축을 중심으로 좌우로 회전운동하는 진동
③ 요잉: Z축을 중심으로 회전운동하는 진동
④ 조: Z축 둘레의 회전진동
⑤ 휠 홉: X축을 중심으로 회전운동

20 주어진 문장과 동일한 것을 고르면?

> 동양의 산수화는 서양의 풍경화와 같이 빛의 표현을 중시하였다.

① 동양의 산수화는 서양의 풍경화와 같이 빛의 표현을 중시하였다.
② 동양의 산수화는 서양의 풍경화와 같이 빛의 표현을 중시하였다.
③ 동양의 산수화는 서양의 산수화와 같이 빛의 표현을 중시하였다.
④ 동방의 산수화는 서양의 풍경화와 같이 빛의 표현을 중시하였다.
⑤ 동양의 산수화는 서양의 풍경화와 같이 빛의 묘사를 중시하였다.

21 다음 중 마찰차 전동의 특징으로 옳지 않은 것은?

① 운전 중 접촉을 분리하여 마찰차를 이동시킬 수 있다.
② 양축 사이를 단속할 필요가 있는 경우에 사용한다.
③ 회전속도가 커서 보통의 기어를 사용할 수 없는 경우 사용한다.
④ 전달력이 크지 않고 속도비가 중요하지 않은 경우 사용한다.
⑤ 무단 변속을 하는 경우에 사용할 수 있다.

22 제시된 도형의 전개도로 알맞은 것은?

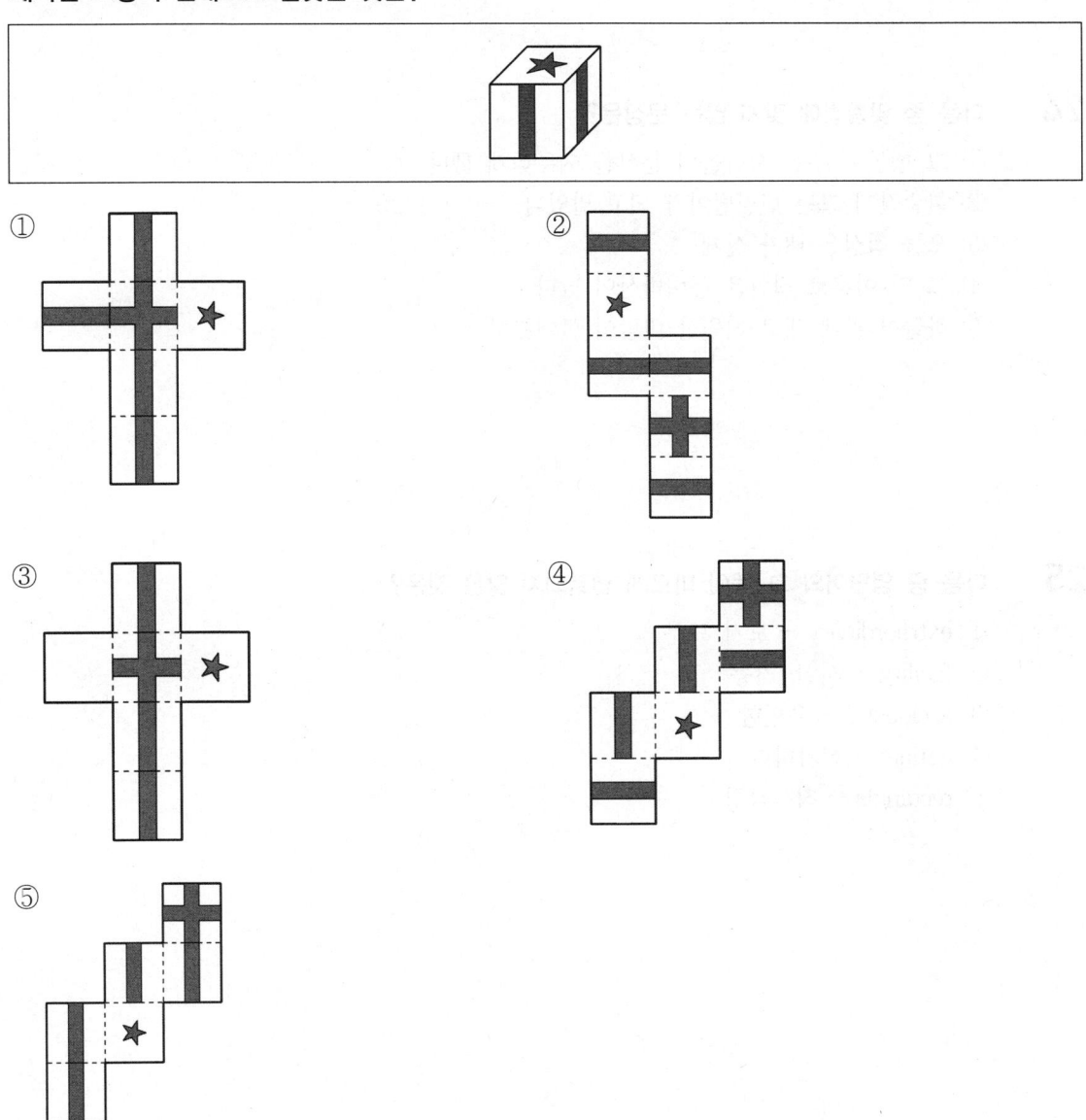

23 무게가 서로 다른 A, B, C, D의 무게를 비교해 보았다. 다음 내용을 토대로 무게가 가장 무거운 순서대로 나열한 것을 고르면?

- A는 C보다 무겁다.
- A와 D의 무게의 합은 B보다 가볍다.
- A와 C의 무게의 합은 D보다 가볍다.

① D, A, B, C
② B, D, A, C
③ A, C, B, D
④ B, A, D, C
⑤ A, B, D, C

24 다음 중 맞춤법에 맞지 않는 문장은?
① 그 행동이 주변 사람들의 눈살을 찌푸리게 했다.
② 한순간에 그는 빈털털이가 되고 말았다.
③ 오늘 점심은 내가 살게.
④ 그 일 이후로 집안은 풍비박산이 났다.
⑤ 하늘이 맑게 개고 시원한 바람이 불어왔다.

25 다음 중 영단어와 그 뜻이 바르게 연결되지 않은 것은?
① extraordinary - 보기 드문
② facility - 시설, 기능
③ accidental - 우연한
④ initiate - 허가하다
⑤ rectangle - 직사각형

26 다음은 2018~2025년까지의 고등학교별 학생 수 현황을 나타낸 자료이다. 이에 대한 설명으로 옳지 않은 것은?

(단위 : 만 명)

구분	2018년	2019년	2020년	2021년	2022년	2023년	2024년	2025년
일반	52.7	50.9	51.1	51.8	51.4	50.9	51.2	51.9
특성화	6.8	6.2	6.5	6.3	5.9	6.1	6.0	5.7
특수목적	1.9	2.4	2.8	2.3	2.4	2.2	2.1	2.0
자율	1.5	2.3	3.5	3.6	4.4	2.9	2.6	2.6
합계	62.9	61.8	63.9	64.0	64.1	62.1	61.9	62.2

① 2018~2022년 자율 고등학교 학생 수는 계속해서 증가하고 있다.
② 전체 고등학생 중 일반 고등학교 학생 수의 비중이 가장 높은 해는 2024년이다.
③ 전체 고등학생 수가 가장 많았던 해에 자율 고등학교의 학생 수도 가장 많다.
④ 특수목적 고등학교의 경우 평균 약 2만 2천 600명의 학생 수를 유지하고 있다.
⑤ 특성화 고등학교 학생 수가 자율 고등학교 학생 수의 2배 이하인 해는 총 3개 연도이다.

27 다음 두 입체도형을 결합했을 때 나올 수 없는 형태는?

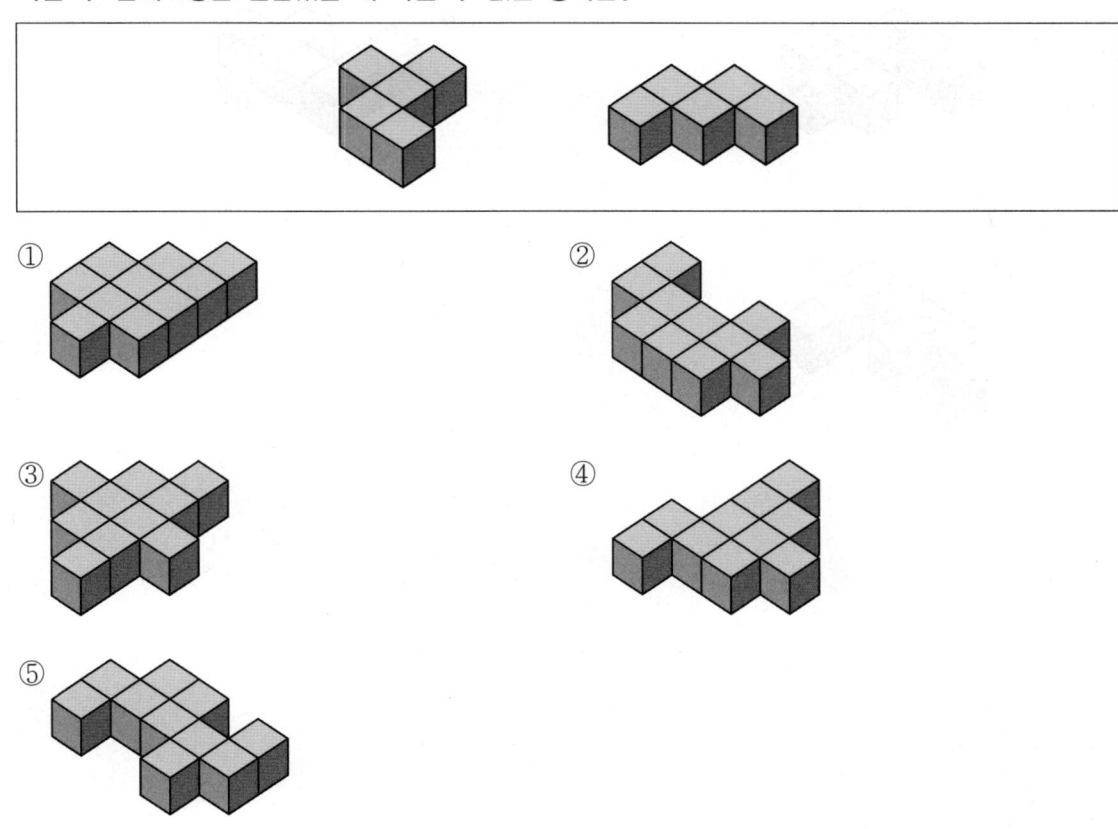

28 다음 그림에서 일정한 규칙을 찾아 빈칸에 들어갈 알맞은 숫자를 고르면?

	12			25			111	
	5	2		7	4		3	?

① 4
② 3
③ 2
④ 1
⑤ 0

29 다음 제시된 입체도형 중 나머지 넷과 다른 하나는?

①
②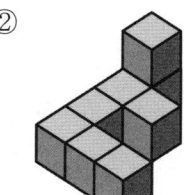
③
④
⑤

30 다음 글의 내용과 일치하는 것은?

농업사회는 촌락 공동체의 특징적 요소인 지역성, 사회적 상호 작용, 공동의 결속감 등이 자연스럽게 구현되고 재생산되기에 적합한 사회 경제적 구조가 전제 조건이었다. 전통적 의미의 공동체는 위의 세 가지 요소를 빠짐없이 고루 갖추고 있는 집단에만 적용할 수 있는 명칭이었으나 현대인의 공동체적 삶에 대한 희구와 열망은 본래적 개념의 경계를 넘어서 공동의 목적과 이념을 추구하는 새로운 형태의 공동체 운동을 시도해 왔다.

도시 공동체는 도시를 기본 단위로 도시의 주거·직장·여가 활동을 위해 필요로 하는 시설, 자원, 제도가 사람이 사는 터전을 중심으로 유지되는 공동체로서 자연 발생적 공동체가 아닌 '의도적 공동체'라고 할 수 있다. 이 '의도적 공동체' 가운데 코뮌(commune)은 구성원들이 지리적으로 근접해 있어 일정한 테두리 속에서 일상적 상호 작용을 하며, 정서적으로도 밀접하게 통합되어 있다. 이 코뮌은 생산물과 재산의 사적 소유를 금지하고 모든 것을 공동 분배·관리하는 공산제적 성격의 집단을 그 전형(典型)으로 하며, 코뮌의 참여자들은 애초부터 어떤 이념 가치 아래 자발적으로 공동의 생활을 영위한다. 코뮌에서는 모든 경제 행위와 인간관계, 문화 활동 등 생활의 전 영역을 공동으로 해결하므로 주거 공간과 노동 조건 같은 삶의 자족적 시스템이 창출(創出)되는 것이 전제 조건이다.

그러나 도시에서는 코뮌 같은 공동생활의 자족적 시스템을 스스로 만들어 내기가 현실적으로 어렵다. 따라서 공간적 근접성으로 인한 상호 접촉의 기회가 상대적으로 높고, 공동의 이해관계를 발견하기가 비교적 쉬운 기존의 물리적 조건을 활용해서 공동체적 요소가 강한 사회 문화적으로 동질화된 세력을 구성하려는 시도를 한다. 또한 생활의 영역 가운데 가장 주된 관심사 한두 가지의 공동 이해(利害)를 기반으로 단일한 목적이나 이념을 갖는 사람들로 목적 지향적 집단인 '협동조합'을 구성하려는 경향도 있다. 그러나 실제 도시에서 시도되는 공동체의 성격을 보면 공동체적 요소들의 다양한 조합(組合)으로 나타나기 때문에 유형화하기가 쉽지 않다. 이를테면 아파트와 같은 정주(定住) 공동체는 구성을 시도하는 시점부터 거주 시설의 집단화라는 조건이 있으므로 지역성, 즉 공간 근접성은 높지만 구성원들의 목적 의식이나 가치관의 동질성은 그리 높다고 할 수 없다. 협동조합은 일단 공동의 목적을 가진 사람들이 모여 그 목적을 실현하는 과정에서 그들의 고유한 이념을 확산하고 심화시키려 한다는 점에서, 이념으로 뭉친 결사체보다는 덜하지만 뚜렷한 가치 지향성을 가진다고 할 수 있다. 다만 지역성은 참여자들의 삶의 터전이 밀접해 있을 수도, 아닐 수도 있다는 점에서 어느 정도 융통성이 있다고 할 수 있다. 코뮌의 경우는 생활의 대부분을 긴밀하게 공유하므로 지역성과 이념성이 모두 높은 반면, 이념적 결사체는 공간 근접성을 중시하지 않는다.

이렇게 공동체 운동은 가치관이나 삶의 태도가 이질적인 구성원들을 대상으로 사회 문화적 동질화를 꾀하는 한편, 참여자들의 관심과 사고 범위가 개인의 이익에 국한되거나 집단 이기주의로 흐르지 않고 이웃, 지역 사회, 시민 사회 전반의 유익함을 고려하는 경향성을 갖고 있다. 공동체 운동을 통해서 이러한 개인의 의식의 발전, 사고의 전환이 가능하다면 공동체 운동은 매우 더디지만 사회 전체의 변화를 기약한다고 할 수 있다.

① 현대인이 추구하는 공동체는 전통적인 농업사회의 공동체의 특징적 요소를 그대로 구현한 것이다.
② 도시에서는 공동생활의 자족적 시스템을 스스로 만들어 내기가 현실적으로 어렵다.
③ 코뮌은 공산제적 성격을 지닌 경제 공동체로서 이념에 의해 수동적으로 결속된 것이다.
④ 협동조합은 코뮌보다 지역성과 이념성이 더욱 강한 공동체 집단이다.
⑤ 사회 전체의 변화를 목적으로 개인보다는 집단의 가치를 중시하며 구성된 것이 공동체 운동의 핵심이다.

31 타이어 옆면의 표기 '185/60R14 82H'에서 14가 의미하는 것으로 맞는 것은?

① 타이어의 속도기호
② 레이디얼 구조
③ 타이어의 단면폭
④ 타이어의 하중지수
⑤ 타이어의 휠 직경

32 다음 대화의 밑줄 친 부분에 들어가기에 가장 적절한 문장은?

> A: Are you done with your English homework?
> B: What homework?
> A: We have to turn in paper.
> B: Oh, I forgot about that. _____
> A: Next Monday.

① What day is convenient for you?
② Why don't you go out?
③ When is the due date?
④ What time shall we make it?
⑤ What day is tomorrow?

33 다음은 한 변의 길이가 1인 블록을 쌓아 만든 입체도형이다. 이 입체의 겉넓이는? (단, 보이지 않는 곳에는 블록이 없다.)

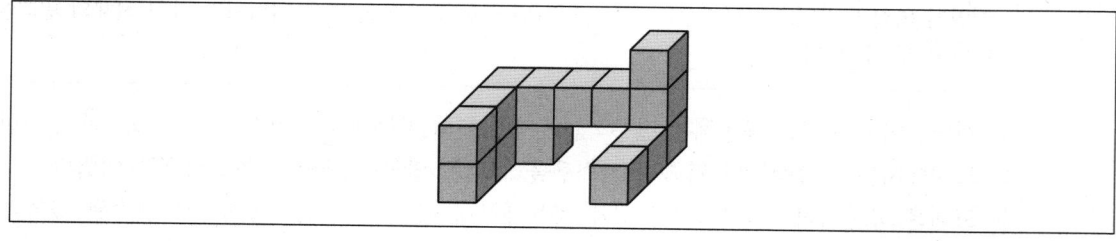

① 50
② 54
③ 56
④ 58
⑤ 62

34 다음 회로에서 전류(I)와 소비전력(P)은?

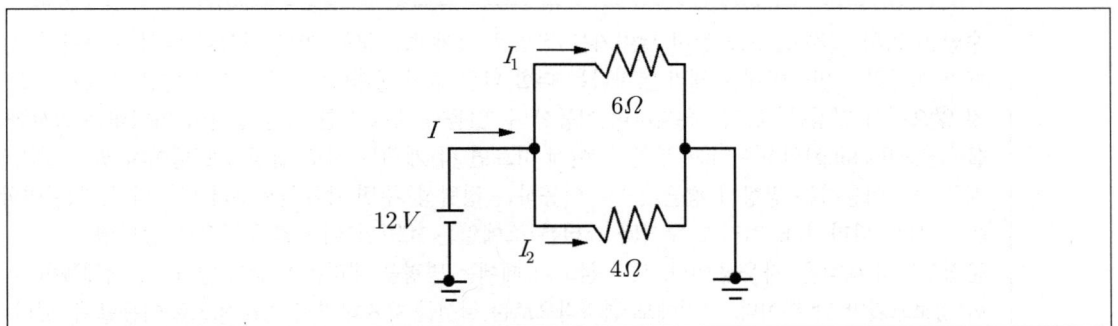

① I = 5(A), P = 600(W) ② I = 5(A), P = 6(W)
③ I = 5(A), P = 60(W)   ④ I = 50(A), P = 60(W)
⑤ I = 50(A), P = 6(W)

35 제시된 단어의 관계가 나머지 넷과 다른 하나는?
① 근거 : 이유   ② 은혜 : 원한
③ 개시 : 시작   ④ 단초 : 실마리
⑤ 겨레 : 민족

36 다음 A, B, C 값의 대소 비교가 바른 것을 고르면?

$$A = 13^2 - \frac{3}{4} \div \frac{3}{8} \qquad B = (16^2 - 12^2) \div \frac{4}{7} \qquad C = \sqrt{225} \div 5 + 13^2$$

① $C > A > B$ ② $B > C > A$
③ $B > A > C$ ④ $A > B > C$
⑤ $A > C > B$

37. 다음 글의 내용과 일치하지 않는 것은?

수만 마리의 새가 군무를 추며 날아가는 장면은 그야말로 보는 이로 하여금 탄성을 자아낸다. 물고기 떼가 이동하며 만들어내는 새카만 바다는 더할 나위 없이 장관이다. 어떻게 그 많은 개체가 서로 부딪히지 않으면서 일정한 궤도를 유지하며 이동할 수 있을까. 무질서한 생물 집단이 이뤄내는 질서화된 운동을 '군집(flocking)현상'이라고 부른다. 이에 따르면 각 개체는 서로 일정하게 떨어져 있는 분리성, 주변 개체들이 이동하는 방향의 평균값으로 이동하는 정렬성, 주변 개체들로부터 낙오되지 않는 결합성이라는 특성을 나타낸다. 펠리페 쿠커와 스티븐 스메일은 2007년 이를 수학적으로 증명했다.

군집운동의 핵심은 '자율성'이다. 새나 물고기 떼에는 명령을 내리는 대장이 없다. 각 객체들이 서로 간단한 정보교환만 할 뿐이다. 그럼에도 결과적으로는 질서를 유지하면서 효율적으로 이동할 수 있다. 이○○ 교수는 여기에 복잡한 네트워크 환경을 효율적으로 운용할 열쇠가 숨어 있다고 설명한다. 우리는 지금도 휴대전화를 쓰다 보면 LTE, Wi-Fi, 블루투스 등 다양한 네트워크망을 넘나들게 된다. 이 교수는 앞으로는 이런 네트워크 환경이 더 복잡해질 것이며 자율적인 데이터 처리가 필수라고 설명했다. "많은 네트워크가 혼재하면 그 사이에 다양한 역학관계가 생깁니다. 현재와 같은 중앙 집중적 방식으로는 효율성이 크게 떨어져 한계가 존재합니다. 각 기지국에서 데이터를 자율적으로 분산 처리해야 합니다. 그 알고리즘을 바로 군집이론에서 가져올 수 있습니다."

군집이론은 무인폭격기에서도 사용된다. 무인폭격기의 단점은 실을 수 있는 폭탄의 양이 적다는 것이다. 그래서 대규모 공습에서는 여러 대가 동시에 출격해야 한다. 그런데 조종사 3, 4명이 동시에 원격으로 조종하면 무인폭격기가 서로 충돌할 위험이 크다. 이 대목에서 새들처럼 군집비행이 필요한 것이다. 즉, 한 대만 원격 조종을 하고 나머지는 그 비행기와 정보를 주고받으며 날도록 설계하는 것이다.

생체모방 알고리즘 중 가장 널리 알려진 실험은 '개미집단 최적화(ant colony optimization)'다. 개미는 먹이와 집 사이를 오갈 때 길을 잃지 않기 위해 페로몬이라는 화학물질을 땅에 떨어뜨려 놓는다. 수많은 개미가 오가다 보면 자연스럽게 최단거리의 길에 페로몬이 가장 많이 쌓인다. 시간이 흐르면 모든 개미가 페로몬 향이 가장 짙은 '최적화된 길'로 다닌다. 이 이론은 1990년대 후반부터 활발한 연구가 이뤄져 다방면에 활용됐는데, 대표적으로 영국 브리티시텔레콤은 이 연구 결과를 데이터 신호를 보내는 최적의 경로를 찾는 데 적용하여 큰 성과를 거두었다. 또 미국 출판사 맥그로힐은 '다음 개미를 만날 때까지 먹이를 나르고, 그것을 바로 넘겨준다'는 수확개미의 단순한 행동방식을 물류창고에 적용해 생산성을 30%나 높이기도 했다.

① 군집이론의 과학적 원리는 다양한 분야에 적용되고 있다.
② 군집현상의 분리성, 정렬성, 결합성의 특성은 1900년대 수학적으로 증명되었다.
③ 개미가 길을 잃지 않기 위해 페로몬을 떨어뜨려 놓는 것과 같은 생체모방 알고리즘은 '물류창고'에 적용되기도 하였다.
④ 여러 대의 무인폭격기를 조종하는 것은 새의 군집비행의 알고리즘을 따라 설계한 것이다.
⑤ 많은 네트워크를 효율적으로 운용하기 위해서는 각 기지국의 자율적인 처리능력이 요구된다.

38 다음 제시된 도형과 같은 도형은?

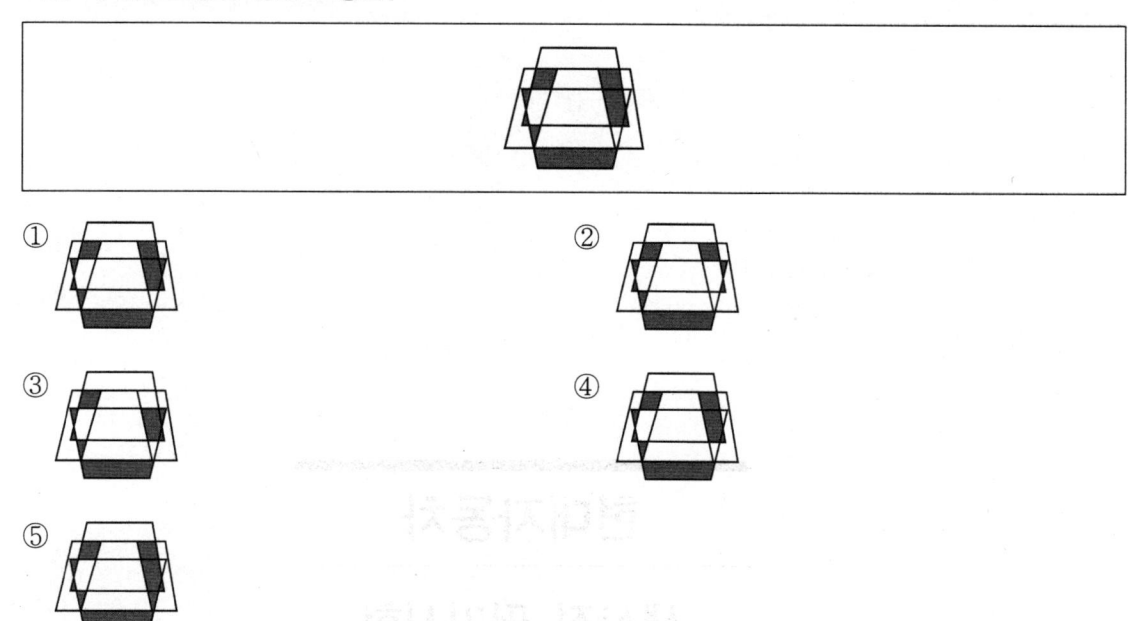

39 두 단어 간 관계가 같아지도록 빈칸에 알맞은 어휘를 고르면?

> leader : team = (　　　) : orchestra

① trainer
② violinist
③ composer
④ musician
⑤ conductor

40 여행 동호회에서 국내여행을 위해서 회원들에게 여행지 선호조사를 하고 있다. 다음 주어진 명제가 모두 참일 때, 옳은 것은?

> • 부산을 선호하면 경주도 선호한다.
> • 경주를 선호하지 않으면 제주도를 선호한다.
> • 20대는 경주를 선호하지 않는다.
> • 부산을 선호하지 않으면 그 회원은 여성이 아니다.

① 20대는 제주도를 선호하지 않는다.
② 여성 회원은 경주를 선호한다.
③ 경주를 선호하는 회원은 제주도를 선호하지 않는다.
④ 부산을 선호하는 회원은 제주도를 선호하지 않는다.
⑤ 남성 회원은 경주를 선호한다.

현대자동차

생산직 필기시험

현대자동차

생산직 필기시험
봉투모의고사

／

3회

제3회 모의고사
(40문항 / 30분)

01 타이어의 높이가 120mm, 너비가 240mm인 타이어의 편평비는?
① 0.3
② 0.5
③ 0.7
④ 0.9
⑤ 1.1

02 다음 블록에서 밑면을 제외하고 페인트를 칠할 때, 칠해지는 면의 수는? (단, 보이지 않는 곳에는 블록이 없다.)

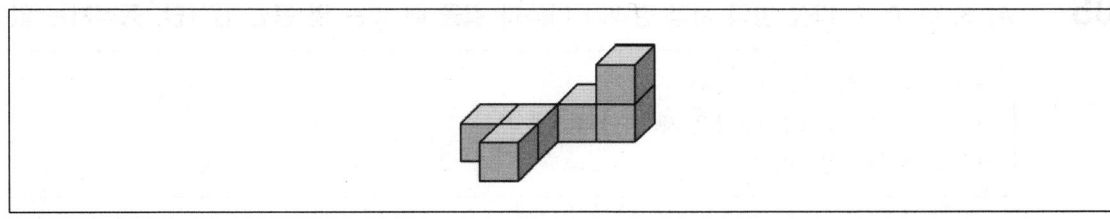

① 22개
② 23개
③ 24개
④ 25개
⑤ 26개

03 다음 문장의 의미를 바르게 해석한 것은?

I was too sleepy to wait for mom.

① 나는 엄마를 기다리는 동안 너무 졸렸다.
② 나는 너무 졸려서 엄마를 기다릴 수 없었다.
③ 나는 너무 졸렸지만 엄마를 기다렸다.
④ 나는 엄마를 기다리기 위해 졸음을 참았다.
⑤ 나는 엄마를 기다리는 동안 잠을 잤다.

04 다음 스프링 장치의 인장하중 W가 100N일 때, 스프링 장치의 하중 방향 처짐량은? (단, 스프링 상수는 $k_1 = 10\text{N/cm}$, $k_2 = 40\text{N/cm}$이다.)

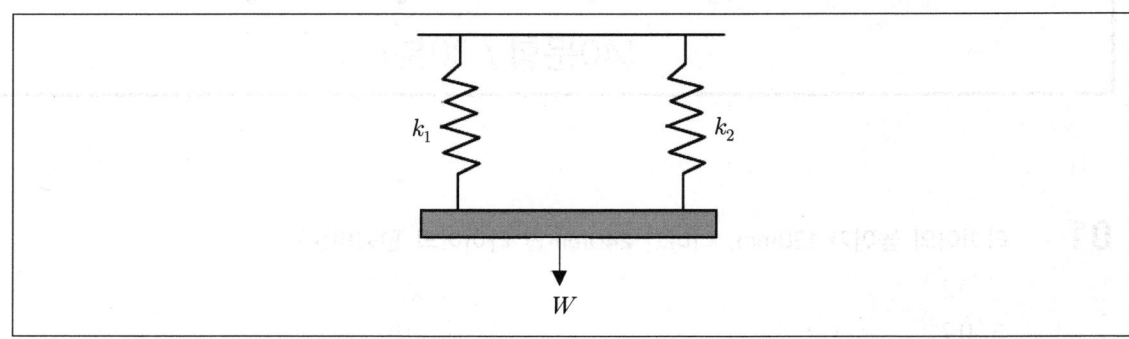

① 0.5cm   ② 1cm
③ 2cm   ④ 3cm
⑤ 4cm

05 A, B, C, D, E 다섯 명의 시험 결과가 다음과 같을 때, E는 몇 등인가? (단, 동점자는 없다.)

- A 바로 밑의 차점자는 B다.
- C보다 성적이 좋은 사람은 세 사람이다.
- D는 A보다 성적이 좋다.

① 1등   ② 2등
③ 3등   ④ 4등
⑤ 5등

06 다음 계산식에서 빈칸에 있는 수들의 합은?

```
    4 □ 7
+ 3 □ 8 □
─────────
  3 7 1 3
```

① 8   ② 9
③ 10   ④ 11
⑤ 12

07 다음 글의 내용과 일치하는 것은?

어떤 물체가 물이나 공기와 같은 유체 속에서 자유 낙하할 때 물체에는 중력, 부력, 항력이 작용한다. 중력은 물체의 질량에 중력 가속도를 곱한 값으로 물체가 낙하하는 동안 일정하다. 부력은 어떤 물체에 의해서 배제된 부피만큼의 유체의 무게에 해당하는 힘으로, 항상 중력의 반대 방향으로 작용한다. 빗방울에 작용하는 부력의 크기는 빗방울의 부피에 해당하는 공기의 무게이다. 공기의 밀도는 물의 밀도의 1,000분의 1 수준이므로, 빗방울이 공기 중에서 떨어질 때 부력이 빗방울의 낙하 운동에 영향을 주는 정도는 미미하다. 그러나 스티로폼 입자와 같이 밀도가 매우 작은 물체가 낙하할 경우에는 부력이 물체의 낙하 속도에 큰 영향을 미친다.

물체가 유체 내에 정지해 있을 때와는 달리, 유체 속에서 운동하는 경우에는 물체의 운동에 저항하는 힘인 항력이 발생하는데, 이 힘은 물체의 운동 방향과 반대로 작용한다. 항력은 유체 속에서 운동하는 물체의 속도가 커질수록 이에 상응하여 커진다. 항력은 마찰 항력과 압력 항력의 합이다. 마찰 항력은 유체의 점성 때문에 물체의 표면에 가해지는 항력으로, 유체의 점성이 크거나 물체의 표면적이 클수록 커진다. 압력 항력은 물체가 이동할 때 물체의 전후방에 생기는 압력 차에 의해 생기는 항력으로, 물체의 운동 방향에서 바라본 물체의 단면적이 클수록 커진다.

안개비의 빗방울이나 미세 먼지와 같이 작은 물체가 낙하하는 경우에는 물체의 전후방에 생기는 압력 차가 매우 작아 마찰 항력이 전체 항력의 대부분을 차지한다. 빗방울의 크기가 커지면 전체 항력 중 압력 항력이 차지하는 비율이 점점 커진다. 반면 스카이다이버와 같이 큰 물체가 빠른 속도로 떨어질 때에는 물체의 전후방에 생기는 압력 차에 의한 압력 항력이 매우 크므로 마찰 항력이 전체 항력에 기여하는 비중은 무시할 만하다.

빗방울이 낙하할 때 처음에는 중력 때문에 빗방울의 낙하 속도가 점점 증가하지만, 이에 따라 항력도 커지게 되어 마침내 항력과 부력의 합이 중력의 크기와 같아지게 된다. 이때 물체의 가속도가 0이 되므로 빗방울의 속도는 일정해지는데, 이렇게 일정해진 속도를 종단 속도라 한다. 유체 속에서 상승하거나 지면과 수평으로 이동하는 물체의 경우에도 종단 속도가 나타나는 것은 이동 방향으로 작용하는 힘과 반대 방향으로 작용하는 힘의 평형에 의한 것이다.

① 부력은 중력의 방향에 따라 작용한다.
② 항력과 부력의 합이 중력의 크기와 같아지면 물체의 속도가 증가한다.
③ 물체가 유체 내에 정지해 있을 때는, 물체의 표면에 항력이 가해진다.
④ 부력은 밀도가 큰 물체보다 작은 물체의 낙하에 더 많은 영향을 미친다.
⑤ 스카이다이버의 경우 마찰 항력의 영향을 가장 많이 받는다.

08 다음 그림과 같이 질량 30kg인 추를 낙하시켰더니 밑에 있던 말뚝이 50cm 깊이로 땅에 박혔다. 이때 추의 처음 높이와 낙하 후의 높이 차이가 8m라면 말뚝과 지면 사이의 마찰력은?

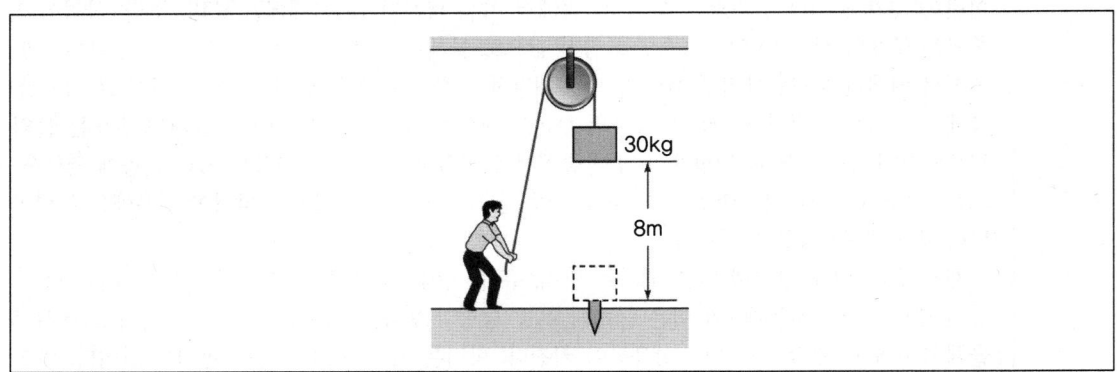

① 904N ② 1904N
③ 2404N ④ 3204N
⑤ 4704N

09 다음 단어와 반대되는 의미를 가지는 어휘를 고르면?

permanent

① temporary ② capital
③ durable ④ essential
⑤ additional

10 다음 제시된 도형을 오른쪽으로 90° 회전시킨 것은?

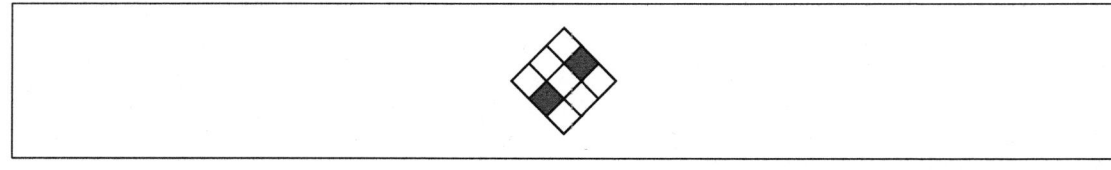

① 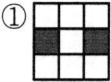 ②

③ 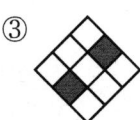 ④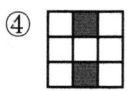

⑤

11 다음 중 맞춤법에 맞는 문장은?
① 그는 퇴근하는 길에 가게에 들렸다.
② 아들이 시험에 합격하는 것이 엄마의 바램이다.
③ 마을 잔치를 벌렸다.
④ 윗어른을 공경하는 것은 기본이지.
⑤ 글씨가 개발새발이다.

12 다음 회로에서 A의 전류를 측정하였을 때의 값으로 옳은 것은?

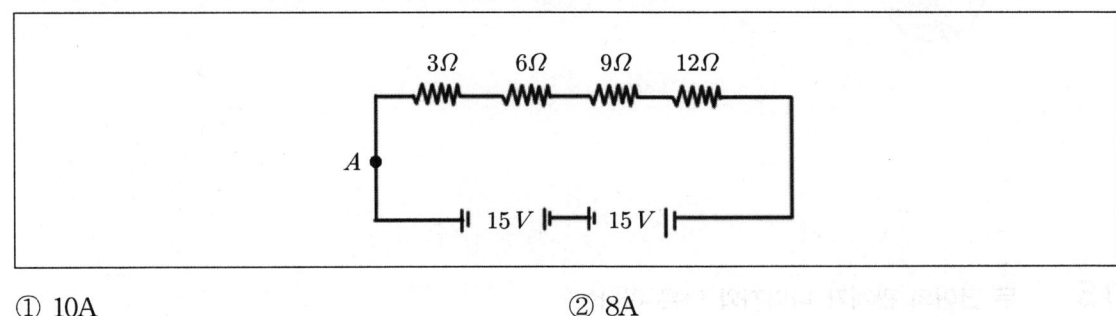

① 10A
② 8A
③ 5A
④ 3A
⑤ 1A

13 다음 문자들의 배열 규칙을 찾아 빈칸에 들어갈 알맞은 문자를 고르면?

A C D F G I ( )

① U
② V
③ J
④ O
⑤ Q

14 다음 제시된 도형과 같은 도형은?

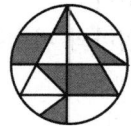

① 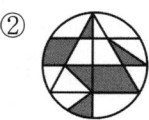 ②

③  ④

⑤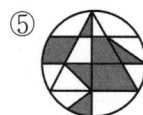

15 두 단어의 관계가 나머지와 다른 하나는?
① monetary – financial
② infinite – limited
③ classic – typical
④ exotic – foreign
⑤ reject – deny

16 다음 밑줄 친 단어와 같은 의미로 사용된 것은?

20년 만에 동창회에 <u>나가게</u> 된 어머니는 옷차림에 신경을 쓰셨다.

① 우리 작년 말부터 기획하고 애쓴 우리 회사의 봄 신상품 광고가 어제부터 방송에 <u>나갔다</u>.
② 영업팀 최 부장은 크게 늘어난 영업 손실의 책임을 지고 회사를 <u>나가기로</u> 했다.
③ 이사를 한 이후 교통비가 10만 원 이상 더 <u>나가게</u> 되어 부담이 늘어났다.
④ 진수는 지역을 대표해 처음으로 전국 체전에 <u>나가게</u> 돼 반 친구들로부터 많은 축하를 받았다.
⑤ 팀장님은 대형 거래처와의 미팅에 너무 저자세로는 <u>나가지</u> 말라고 조언했다.

17 주어진 문장과 동일한 것을 고르면?

> 약속은 반드시 실천 가능한 것이어야 하며, 한 번 약속한 일은 자신의 명예를 걸고 정확하고 성실하게 지켜야 한다.

① 약속은 반드시 실천 가능한 것이어야 하며, 한 번 약속한 일은 자기의 명예를 걸고 정확하고 성실하게 지켜야 한다.
② 약속은 반드시 실천 가능한 것이어야 하고, 한 번 약속한 일은 자신의 명예를 걸고 정확하고 성실하게 지켜야 한다.
③ 약속은 반드시 실천 가능한 것이어야 하며, 한 번 약속한 것은 자신의 명예를 걸고 정확하고 성실하게 지켜야 한다.
④ 약속은 반드시 실천 가능한 것이어야 하며, 한 번 약속한 일은 자신의 명예를 걸고 정확하고 성실하게 지켜야 한다.
⑤ 약속은 반드시 실천 가능한 것이어야 하며, 한 번 약속한 일은 자신의 위신을 걸고 정확하고 성실하게 지켜야 한다.

18 축전지의 충전 방법 중 정전압 충전 방법으로 옳은 것은?
① 축전지 용량의 약 10%에 해당하는 전류로 충전
② 축전지 용량의 약 50%의 전류로 충전
③ 충전 시작부터 끝까지 일정한 전압으로 충전
④ 충전 중 전류를 단계적으로 감소시키는 충전
⑤ 축전지 용량의 약 20%에 해당하는 전류로 충전

19 다음 중 계산 결과의 값이 가장 큰 것을 고르면?
① 206^2
② $\dfrac{53318}{5341}$
③ $455^2 \div 5$
④ $53318 - 5341$
⑤ $155^2 + 55^2$

20 다음 제시된 그림들 중에서 나머지와 다른 하나는?

① 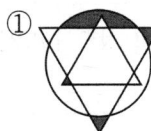   ②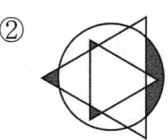

③ 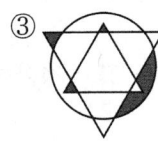   ④

⑤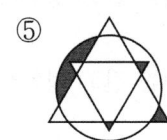

21 어느 학교의 입학식에서 선생님은 학생들을 위해 기념품으로 70개의 볼펜을 준비했다. 학생 1인당 4개씩 나누어 줬을 때, 볼펜의 개수가 부족하여 무조건 3개씩만 나누어 주기로 했다면 나누어 줄 수 있는 볼펜의 최대 개수는?

① 65개   ② 66개
③ 67개   ④ 68개
⑤ 69개

22 다음 입체도형에서 블록의 개수는? (단, 보이지 않는 곳에는 블록이 없다.)

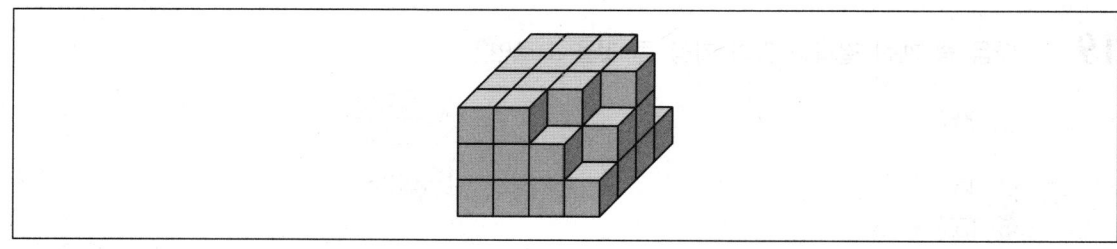

① 40개   ② 42개
③ 46개   ④ 48개
⑤ 52개

[23~24] 다음은 최근 10년간 발생한 사업장 재해 발생 건수 및 요양 근로손실 일수에 관한 자료이다. 이를 보고 이어지는 물음에 답하시오.

구분	2016년	2017년	2018년	2019년	2020년	2021년	2022년	2023년	2024년	2025년
사업장 재해(건)	138	115	108	121	86	65	105	72	111	105
요양 근로손실 일수(천 일)	1,201	536	807	627	511	429	933	640	651	447

23 2018년과 2023년의 사업장 재해 발생 건수 대비 요양 근로손실 일수의 비는?

① 269 : 320 ② 269 : 160
③ 269 : 80   ④ 807 : 320
⑤ 807 : 160

24 위 자료에 대한 설명으로 옳지 않은 것은?

① 2021년도의 사업장 재해 발생 건수는 전년 대비 25% 이상 감소하였다.
② 요양 근로손실 일수가 가장 적은 해와 가장 많은 해의 사업장 재해 발생 건수는 2배 이상의 차이를 보인다.
③ 사업장 재해 발생 건수가 동일한 두 해의 요양 근로손실 일수의 차는 486,000일이다.
④ 사업장 재해 발생 건수와 요양 근로손실 일수는 서로 상관관계가 없음을 알 수 있다.
⑤ 전년도와 비교하였을 때 사업장 재해 발생 건수가 세 번째로 가장 많이 감소한 해는 2017년이다.

25 단어 간 관계가 나머지 넷과 다른 것은?
① 쇠망 : 융성
② 온건 : 과격
③ 추문 : 미담
④ 질환 : 병
⑤ 잡다 : 놓치다

26 다음 영단어 중 스펠링이 잘못된 것은?
① donation
② evolution
③ potential
④ outcome
⑤ genuin

27 다음 전개도를 완성했을 때, 나머지와 모양이 다른 하나는?

①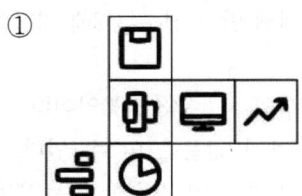
②
③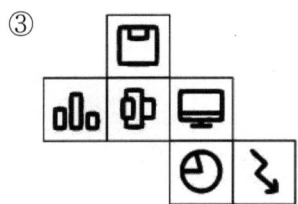
④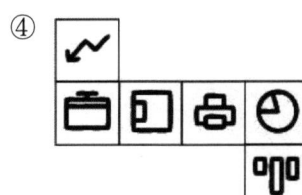
⑤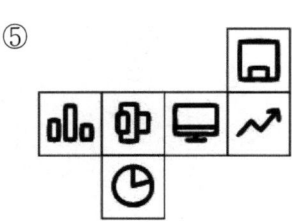

28 다음 중 가솔린 기관 본체의 밸브 간극이 클 때 일어나는 현상으로 옳지 않은 것은?
① 배기가스의 배출이 증가한다.
② 밸브 기구에 소음이 발생한다.
③ 밸브 기구에 심한 충격이 발생한다.
④ 흡·배기 밸브가 완전히 열리지 못하여 엔진 출력이 감소한다.
⑤ 역화나 실화 현상이 발생한다.

29 다음 밑줄 친 부분에 들어갈 문장으로 가장 적절한 것은?

> 음악을 좋아하는 사람은 공부를 잘한다.
> 공부를 잘하는 사람은 체육도 잘한다.
> 정우는 음악을 좋아한다.
> 그러므로, _____

① 정우는 음악을 잘한다.
② 정우는 체육을 좋아한다.
③ 정우는 공부를 잘하지만, 체육은 못한다.
④ 정우는 체육을 잘하지만, 공부는 못한다.
⑤ 정우는 체육을 잘한다.

30 다음 중 반도체의 특징으로 옳지 않은 것은?
① 극히 소형화가 가능하고 내부의 전력손실이 크다.
② 빛에 의해 저항이 증감하는 광전효과가 있다.
③ 일반적인 금속은 온도가 올라가면 저항이 상승하지만 반도체는 저항이 감소한다.
④ 열에 매우 약하다.
⑤ 자력을 받으면 전도가 변하는 홀 효과가 있다.

31 두 단어 간 관계가 같아지도록 빈칸에 알맞은 어휘를 고르면?

> admire : respect = precise : (   )

① disrespectful
② neat
③ exact
④ near
⑤ vague

32 다음 글의 중심 내용으로 가장 적절한 것은?

> 술을 만드는 데 가장 중요한 요소는 원료다. 술의 맛과 향은 원료의 품질에 의해 좌우되기 때문이다. 우리 술은 탁주, 약주, 증류식 소주로 분류되며 이들을 만들 때 쌀과 밀을 가장 많이 사용한다. 주류산업정보 실태조사에 따르면 전체 원료에서 쌀과 밀이 차지하는 비율은 각각 45%, 52%로 매우 높은 비중을 차지한다. 그러나 양조용 쌀의 64.2%가 외국산이라는 사실, 특히 탁주는 67.8%가 수입쌀로 빚어진다는 사실이 우리를 씁쓸하게 한다. 무늬만 우리 술이라고 해도 과언이 아니다.
> 외국산 원료를 사용하는 가장 큰 까닭은 역시 가격이다. 한 해 동안 쌀 수입량은 40만 8,000t으로, 이 중 가공용 쌀의 가격은 1kg당 564원이었다. 정부미(나라미) 1kg이 1,761원인 것과 비교하면 3분의 1 수준이다. 햅쌀은 1kg당 1,800~2,000원 선이라 가격 차이가 더 크다. 쌀 가격이 높아지는 때는 국산 쌀 구매를 주저하는 양조장이 배는 더 늘어난다.
> 그러므로 양조장이 국산 쌀을 사용하게 하기 위해서는 국산 쌀을 사용하는 양조장에 혜택을 줘 자연스럽게 국산 쌀을 사용하도록 유도하는 전략이 필요하다. 우선 양조용 쌀 계약재배를 늘려야 한다. 몇몇 양조장은 고품질 술 생산 및 국산 쌀 소비촉진을 위해 농가들과 쌀을 계약재배하고 있다. 계약재배는 농가의 판로개척 부담을 줄여준다. 양조장은 품질 좋은 쌀을 시중보다 저렴하게 안정적으로 공급받는다. 물론 계약재배라도 수입쌀보다는 비싸다. 그러니 양조장과 농가 모두에게 도움이 되도록 쌀 보관·운반·포장비 등을 지원하는 정책도 필요하다.
> 국산쌀로 빚은 진짜 우리 술에는 세금 혜택을 주는 것도 좋은 방법이다. 국산쌀과 수입쌀의 가격 차이를 없앨 수 있게 원료 원산지에 따라 세율을 다르게 만드는 것을 추천한다. 주세 감면량을 늘리는 것도 큰 도움이 될 것으로 보인다. 현재에도 전통주(민속주·지역특산주)는 주세를 반으로 감면해주고 있다. 그러나 감면량이 발효주 500㎘ 증류주 250㎘ 이하로 매우 제한적인 혜택이다. 세금 혜택 물량이 늘어나면 국산 쌀의 소비도 자연스럽게 증가할 것이다.
> 술은 무엇보다 농산물이 많이 쓰이는 식품이다. 이제 우리 술을 일반주류의 한 종류로만 인식하지 말고 농산물 소비를 증가시킬 수 있는 가공식품으로 인식해야 한다. 정부는 국산 농산물을 많이 사용하는 진짜배기 우리 술이 많아질 수 있도록 과감한 규제 완화와 다양한 지원책을 펼치는 노력을 아낌없이 쏟아 부어야 한다.

① 우리 술 소비를 늘려야 한다.
② 양조장들이 국내산 쌀을 기피하는 가장 큰 이유는 가격이다.
③ 수입산 쌀로 우리 술을 만드는 양조장의 반성이 필요하다.
④ 국내산 원료 가격을 수입산 원료 가격보다 낮춰야 진짜배기 우리 술이 늘어날 수 있다.
⑤ 국내산 원료를 사용한 우리 술이 많아지기 위해서는 정부의 지원 정책이 필요하다.

33 제시된 도형의 전개도로 알맞은 것은?

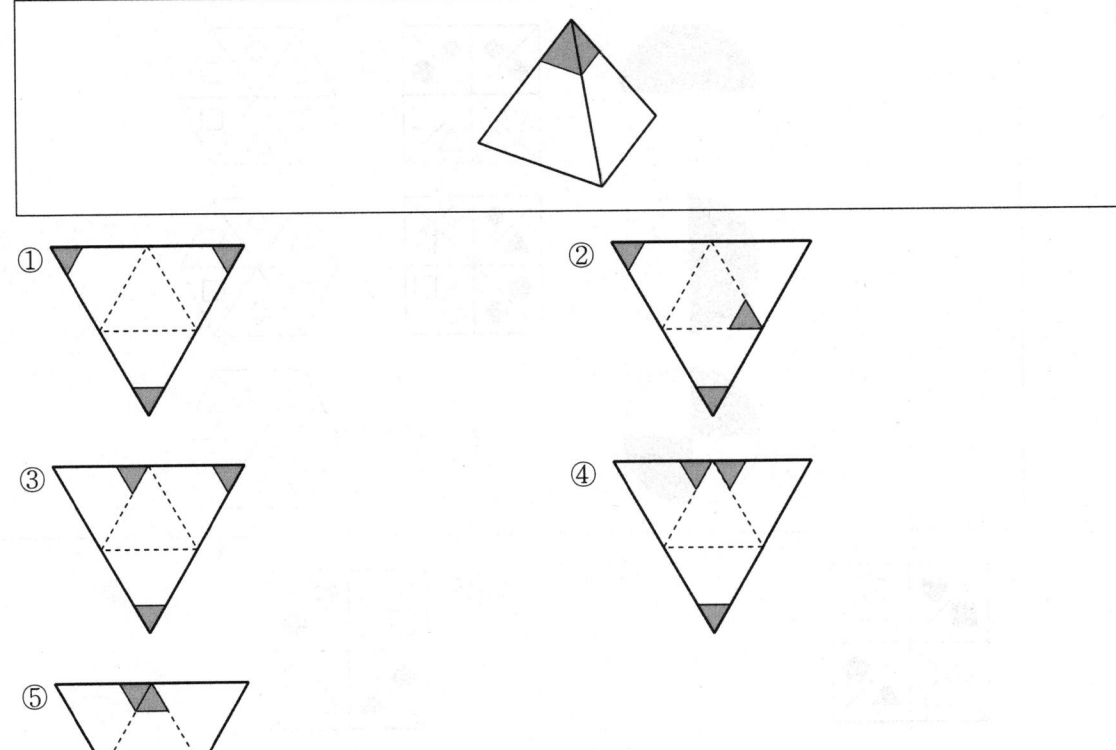

34 영어 단어시험에 30문제가 출제되었다. 기본점수는 50점이며, 정답을 맞히면 4점을 더하고, 틀리면 1점을 감점하며 답을 하지 않은 문제는 감점하지 않는다. 이때 30문제 중 18문제에 답을 하여 87점을 받았다면 정답을 맞힌 문제의 개수는?

① 8개
③ 10개
⑤ 12개
② 9개
④ 11개

35 다음의 도형들은 일정한 규칙을 가지고 있다. '?'에 들어갈 알맞은 도형은?

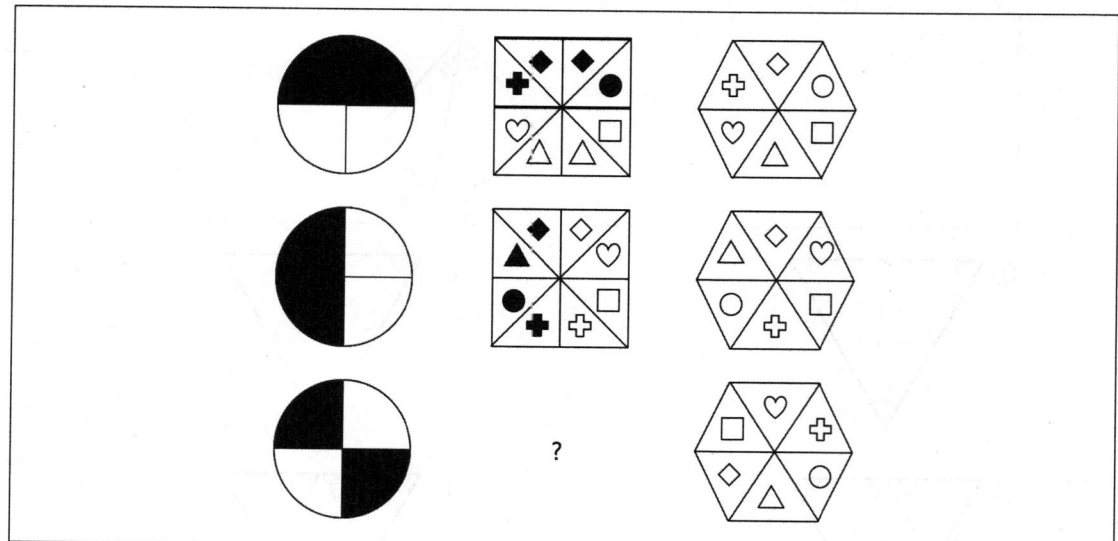

① 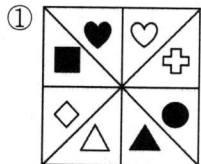   ②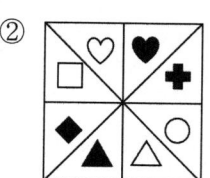

③ 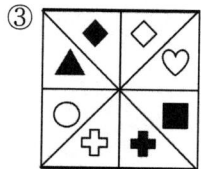   ④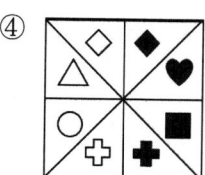

⑤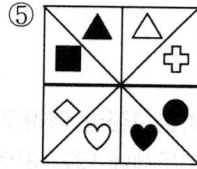

36. 다음 글의 내용과 일치하지 않는 것은?

지구의 자전은 지구가 남극과 북극을 지나는 선을 축으로 하루에 한 바퀴의 주기로 회전하는 현상이다. 서에서 동으로, 시간당 15도 회전한다. 지구의 자전으로 별과 태양의 일주운동이 발생하여 낮과 밤이 생긴다. 지구가 돌면서 바닷물과 그 밑의 지구 사이에 마찰이 생겨나 지구의 자전 속도는 조금씩 늦어진다. 100년 만에 하루의 길이가 0.0016초 길어지기 때문에, 언젠가 하루가 48시간 이상으로 늘어나는 시절도 맞게 된다. 먼 훗날 지구가 자전을 멈추게 되면 어떻게 될까? 만약 그렇게 되면 지구의 모든 생명은 멸종하고, 지구는 죽음의 행성이 된다.

지구의 자전은 지구 자기장을 생성시켜 준다. '다이나모 이론'에 따르면 지구 내부의 '철의 바다'로 이루어진 외핵이 지구자전으로 전류를 만들고, 전자기 유도에 의하여 지구 자기장이 생성된다. 지구 자기장은 태양풍과 외계의 방사선과 같은 우주 공간의 위험으로부터 지구의 생명을 지켜주는 보호막 역할을 해왔다. 지구 자기장이 사라진다면 지구는 태양에서 불어대는 높은 에너지의 우주 방사선 입자에 피폭되어 끔찍한 대재앙을 맞이하게 될 것이다. 태양은 지구에 꼭 필요한 빛과 열을 제공하지만, 무수히 많은 양의 대전 입자들이 뒤섞인 우주 방사선을 뿜어내기도 한다. 태양에서 코로나 물질을 방출하거나 플레어와 같은 폭발 현상이 일어나면 최대 수백억 톤의 방사선 물질이 초속 400~1,000km의 속도로 불어와 지구 자기장에 도달하는 데 약 2일이 걸린다. 이것을 '태양풍'이라고 하는데 태양풍이 지구 자기장과 맞닿으면 상호 작용을 일으킨다. 지상으로부터 60,000km 상공에서 지구를 두르는 지구 자기권 내부로 유입되는 태양풍과 함께 날아온 대전 입자의 일부가 극지방으로 끌려 들어가면 오색의 오로라가 발생한다. 그러나 그 밖의 대전 입자들은 대부분 지구 주변으로 스쳐 지나가는데, 이때 지구를 중심으로 도넛 형태의 보호막이 형성된다. 이것을 '밴앨런(Van Allen)대'라고 한다. 미국의 유명한 물리학자 밴 앨런이 발견한 이 방사능대는 인체에 해를 주는 우주 방사능 물질이 태양풍에 실려 올 때 이것이 지구로 유입되는 것을 차단해주는 보호막 역할을 해준다. 만약 우주 방사선이 그대로 지상에 도달하면 지구는 순식간에 뜨거운 열과 방사능으로 휩싸여 생명체가 살 수 없는 불모지가 되고 말 것이다.

① 지구는 시간당 15도씩 서에서 동으로 회전하고 이로 인해 낮과 밤이 생긴다.
② '다이나모 이론'은 지구의 자전과는 상관이 없다.
③ 지구는 자전으로 인하여 외계의 방사선과 같은 위험으로부터 보호받는다.
④ 밴앨런대가 없다면 지구는 생명체가 살 수 없는 행성이 될 것이다.
⑤ 오로라가 생기는 것은 태양풍이 지구 자기장과 맞닿아 생기는 상호작용 때문이다.

37 다음 대화의 밑줄 친 부분에 들어가기에 가장 적절한 문장은?

> A : How about catching a movie after work?
> B : Sounds great. _____
> A : I heard a new horror movie just came out last week.
> B : Cool!

① It is supposed to be a blockbuster.
② What about you?
③ What's on your mind?
④ What do you want to see?
⑤ What do you like to do in your spare time?

38 다음 제시된 그림의 (A)에 들어갈 단어와 그에 대한 설명이 바르게 짝지어진 것은?

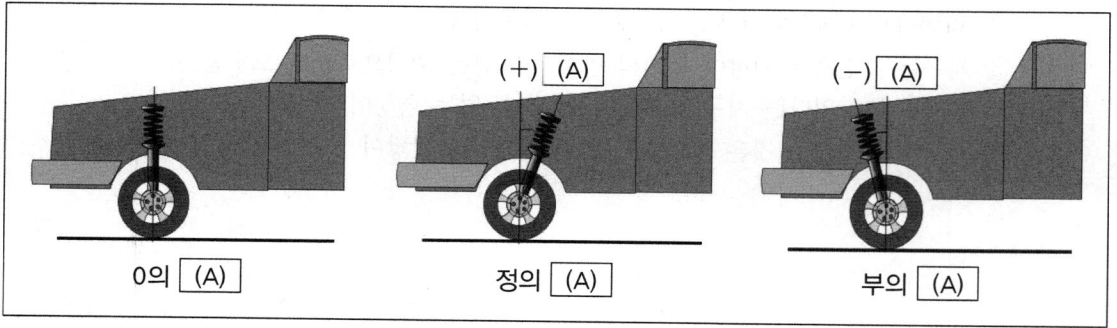

① 협각: 자동차를 옆에서 보았을 때 노면 수직선과 조향축의 중심선이 이루는 각
② 킹핀 경사각: 자동차를 옆에서 보았을 때 노면 수직선과 타이어의 중심선이 이루는 각
③ 토우: 자동차를 옆에서 보았을 때 노면 수직선과 조향축의 중심선이 이루는 각
④ 캠버: 자동차를 옆에서 보았을 때 노면 수직선과 타이어의 중심선이 이루는 각
⑤ 캐스터: 자동차를 옆에서 보았을 때 노면 수직선과 조향축의 중심선이 이루는 각

39 다음 제시된 입체도형 중 나머지 넷과 다른 하나는?

①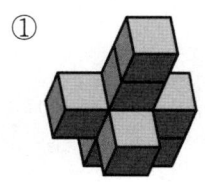
②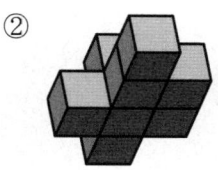
③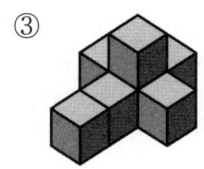
④
⑤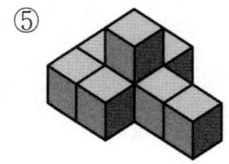

40 K씨의 저택 옥탑방에 있던 다이아몬드 목걸이가 사라졌다. 조사를 해보니 없어질 당시 저택에 있었던 사람은 G씨를 포함한 5명이다. 다음은 저택에 있던 사람들의 증언인데, 이 중 두 사람이 거짓을 말하고 있다고 할 때, 범인은 누구인가?

> G씨: H씨가 범인입니다.
> H씨: G씨는 지금 거짓말을 하고 있습니다.
> J씨: 저는 옥탑방에 다이아몬드 목걸이가 있다는 사실도 몰랐습니다.
> L씨: 다른 건 몰라도 M씨는 범인이 아닙니다.
> M씨: J씨의 말은 사실입니다.

① G씨　　② H씨
③ J씨　　④ L씨
⑤ M씨

현대자동차

생산직 필기시험

박문각

현대자동차

생산직 필기시험
봉투모의고사

/

4회

제4회 모의고사
(40문항 / 30분)

01 다음 중 전기자동차의 특징으로 옳지 않은 것은?
① 대용량 고전압 배터리를 탑재하고 있다.
② 변속기가 필요하며, 단순한 감속기를 이용하여 토크를 증대시킨다.
③ 전기 모터를 사용하여 구동력을 얻는다.
④ 외부 전력을 이용하여 배터리를 충전한다.
⑤ 전기를 동력원으로 사용하기 때문에 주행 시 배출가스가 없다.

02 다음 식의 빈칸에 들어갈 연산기호를 순서에 맞게 나열한 것은?

$$3 \times 3 + 5(\quad)2 - 3 \div \frac{1}{4}(\quad)2 \times 3 = 13$$

① ×, +
② ÷, −
③ +, ×
④ −, ÷
⑤ ×, ÷

03 다음 영단어 중 스펠링이 잘못된 것은?
① referance
② therapy
③ transfer
④ medicine
⑤ genetic

04 다음 제시된 도형 중에서 나머지와 다른 하나는?

① 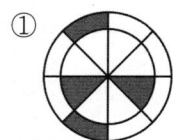   ②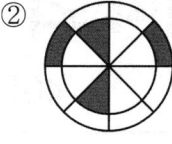

③ 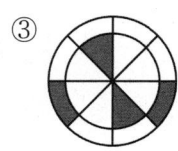   ④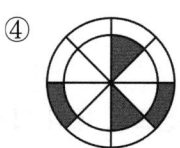

⑤

05 〈보기〉의 내용을 보고, A와 B의 진술에 대해 바르게 설명한 것을 고르면?

┌ 보기 ┐
- 갑은 을과 사촌지간이다.
- 병은 을의 어머니다.
- 을은 정에게 외할머니라고 부른다.

A: 병은 정의 딸이다.
B: 병과 갑은 형제지간이다.

① A만 항상 참이다.
② B만 항상 참이다.
③ A와 B 모두 항상 참이다.
④ A와 B 모두 거짓이다.
⑤ A와 B 모두 참인지 거짓인지 알 수 없다.

06 다음 글의 내용과 일치하지 않는 것은?

바쁜 현대인의 일상에서 번거로운 조리 과정을 거치지 않더라도 간편하게 챙겨 먹을 수 있는 건강식으로 견과류가 각광받고 있다. 견과류는 건강상으로 효능이 다양할 뿐만 아니라 보관이 어렵지 않아 현대인들의 건강식으로 자리 잡았다. 최근에는 다양한 견과류를 하루 권장량만큼 챙겨먹을 수 있는 하루용 봉지 제품이 인기를 얻고 있다. 하지만 모두 건강식품들이 그렇듯이, 자신의 몸 상태를 고려하지 않고 단지 건강에 좋다는 이유만으로 적정량을 지키지 않고 과도하게 견과류를 섭취할 경우 오히려 역효과가 날 수 있다. 견과류의 건강상 효능을 제대로 누리기 위해서는 각 견과류마다 다른 섭취 시 주의사항을 고려하여 자신의 몸에 잘 맞는 견과류를 잘 골라 섭취하는 것이 중요하다.

건강한 지방이 다량 함유된 땅콩은 오랜 시간 사랑받아 온 견과류의 하나이다. 하지만 땅콩은 대표적인 알레르기 유발 식품 중 하나로, 정도의 차이는 있으나 땅콩 알레르기가 있는 사람은 소량의 땅콩을 섭취하더라도 두드러기, 발진, 호흡 곤란, 기침 등의 증상이 발현될 수 있다. 정도가 매우 심한 땅콩 알레르기를 가지고 있는 사람의 경우 직접 땅콩을 섭취하지 않더라도 극소량의 땅콩 성분이 들어간 음식을 섭취하는 것만으로도 극심한 부작용이 나타날 수 있으며, 최악의 경우 사망에 이를 수도 있다. 미국에서는 13명 중 1명의 어린이가 땅콩 알레르기를 가진 것으로 알려질 만큼 흔한 알레르기다. 흔한 알레르기라 상대적으로 식품 등에 땅콩 함유 사실이 포함된 경우가 많아 땅콩이 포함된 음식을 거르는 것이 비교적 수월하지만, 사람에 따라 땅콩 알레르기가 치명적일 수 있으므로 각별한 주의가 필요하다.

역시 흔하게 접할 수 있는 견과류인 호두는 불포화지방산이 함유된 건강식품이지만, 보관법에 따라 건강 효과를 거의 보기 어려울 수도 있어 보관상 주의가 필요한 견과류이다. 호두의 껍데기를 제거하면 불포화지방산이 공기에 노출되면서 산패가 빠르게 진행되어 영양소 파괴가 일어난다. 호두가 산패되면 아플라톡신(aflatoxin)이라는 독성물질이 생성되는데, 이 독성 물질은 간의 기능을 저하시켜 다량 섭취할 경우 간암을 유발할 수 있다. 때문에 호두를 구입할 때에는 가능한 껍데기가 제거되어 있지 않은 것을 구입해 통풍이 잘 되는 서늘한 곳에 보관하는 것이 좋다.

한반도에서 잣은 수백 년간 임금에게 진상되던 귀한 식재료였다. 예로부터 우리나라의 잣은 약효가 뛰어나기로 유명해 주변국에 그 명성이 자자했다. 잣의 장점은 장기간 냉장 보관해도 변질이 잘 일어나지 않아 신선함이 오래 유지된다는 점이다. 국산 잣은 표면에 윤기가 흐르고 씨눈 덮개가 거의 붙어있지 않으며, 표면에 상처가 있거나 깨진 잣이 조금씩 섞여 있는 것이 특징이다. 반면 중국산 잣은 국산에 비해 윤기가 적고 씨눈 덮개가 붙은 것을 쉽게 볼 수 있으며 상처는 거의 없으나 장기간 보관 시 쉽게 신선도가 떨어져 진한 갈색으로 변색되곤 한다. 또한 잣은 하루 권장량보다 지나치게 과도하게 섭취할 경우 설사를 유발할 수 있으므로 성인 기준 하루 10개 정도의 잣을 섭취하는 것이 권장된다.

겨울철 유용한 간식인 은행은 시안배당체와 메틸피리독신이라는 독성물질이 소량 들어있는데, 한 번에 지나치게 많은 양을 섭취할 경우 발작 증세나 의식을 잃는 사람도 있으므로 반드시 가열해서 섭취해야 한다. 식약처에서 권고하는 하루 은행 섭취량은 성인 기준 10개, 어린이는 2~3개 정도로 과도한 섭취를 막기 위해 주의해야 한다.

① 견과류는 그 효능의 다양성과 간편함으로 인해 건강식으로 큰 인기를 얻고 있다.
② 호두는 산패 시 간암을 유발하는 독성물질을 생성하므로, 이를 막기 위해 껍데기 제거 제품이 권장된다.
③ 국내산 잣의 경우 중국산과 비교해 신선함이 오래 유지되며, 표면에 깨진 것이 많은 편이다.
④ 땅콩은 알레르기 정도에 따라 발현 양상에 차이가 있으나, 극심한 알레르기의 경우 사망에까지 이를 수 있어 주의해야 한다.
⑤ 은행과 잣 모두 성인 기준 하루 10개 정도를 섭취하는 것이 권장된다.

07 다음 그림과 같이 무게가 1500N인 물체를 지레에 올려놓고 300N의 힘을 가해 주었더니 지레가 수평이 되었다. 지레의 받침점에서 작용점까지의 거리는?

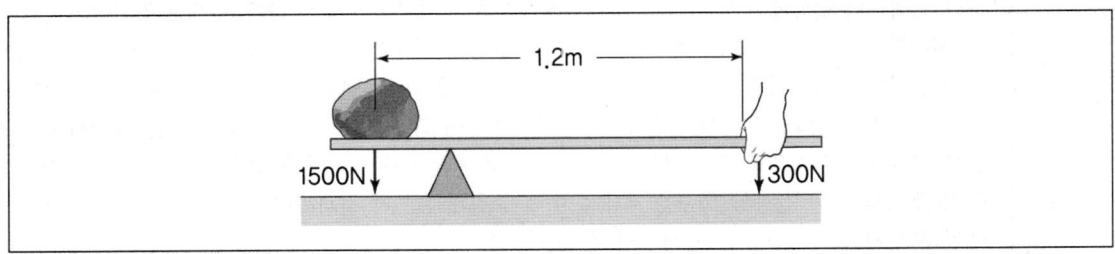

① 5cm
② 10cm
③ 20cm
④ 30cm
⑤ 40cm

08 다음에 제시되는 숫자의 배열에 근거하여 10번째 항에 들어갈 숫자를 고르면?

1 2 3 5 8 13 ……

① 89
② 90
③ 91
④ 92
⑤ 93

09 다음 단어와 반대되는 의미를 가지는 어휘를 고르면?

combine

① associate
② explain
③ divide
④ blend
⑤ comprehend

10 다음 전개도를 완성했을 때, 나머지와 모양이 다른 하나를 고르면?

①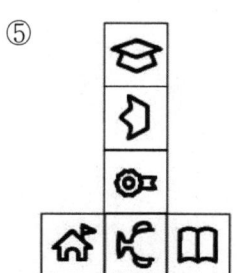

②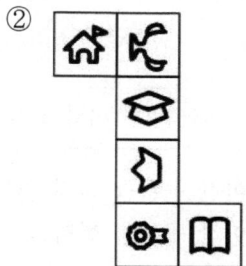

④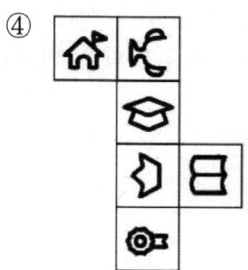

⑤

11 다음 중 맞춤법에 맞는 단어끼리 바르게 묶인 것은?

① 막둥이, 아구찜, 뚝배기, 끄트머리
② 막둥이, 아귀찜, 뚝배기, 끄트머리
③ 막둥이, 아귀찜, 뚝빼기, 끝으머리
④ 막둥이, 아귀찜, 뚝배기, 끝으머리
⑤ 막둥이, 아구찜, 뚝빼기, 끄트머리

12 다음 밑줄 친 부분에 들어갈 문장으로 가장 적절한 것은?

> 어떤 회사원은 자동차로 출퇴근한다.
> _____
> 그러므로, 야간 근무하는 어떤 사람은 자동차로 출퇴근한다.

① 모든 회사원은 야간 근무를 하지 않는다.
② 어떤 회사원은 야간 근무를 한다.
③ 야간 근무를 하는 어떤 사람은 회사원이다.
④ 모든 회사원은 야간 근무를 한다.
⑤ 야간 근무를 하는 모든 사람은 회사원이다.

13 다음 종감속장치의 명칭으로 옳은 것은?

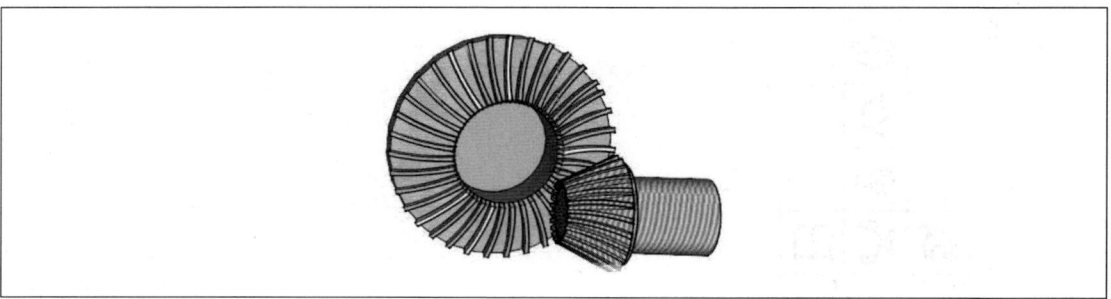

① 원과 웜 기어 ② 하이포이드 기어
③ 스퍼기어 ④ 스파이럴 베벨기어
⑤ 차동기어

14 두 단어의 관계가 나머지와 다른 하나는?
① arrest − release ② finally − initially
③ upcoming − later ④ income − loss
⑤ occupation − job

15 종이를 화살표 순서대로 접은 후 구멍을 뚫고 다시 펼쳤을 때의 그림으로 옳은 것은?

16 $a \blacklozenge b = ab + 2b^2$ 일 때, $(x \blacklozenge y) - (y \blacklozenge x)$ 의 값은?

① $2x^2$
② $2y^2$
③ $2y^2 - 2x^2$
④ $2xy + 2y^2 - 2x^2$
⑤ $2xy$

17 다음 중 자동변속기의 특징으로 옳은 것은?
① 클러치 조작이 필수여서 운전자의 피로가 크다.
② 구조가 단순하여 가격이 저렴하다.
③ 수동변속기에 비해 연비가 10% 증가한다.
④ 고속 구동력이 좋지만 등판 출발이 어렵다.
⑤ 유압을 이용한 자동변속으로 작동지연이 발생하지 않는다.

18 다음 두 문장에서 서로 다른 부분은 몇 개인가?

> 실학은 몇 가지 역사적 의의를 지니고 있다. 첫째, 실학에는 민족주의적 성격이 담겨 있었다. 당시의 성리학은 중국 중심의 세계관으로서 우리의 문화가 중국 문화의 일부로밖에 인식되지 않았으나, 실학자들은 우리 문화에 대한 독자적 인식을 강조하였다. 둘째, 실학에는 근대지향적인 성격이 내포되어 있었다. 실학자들은 사회 체제의 개혁, 생산력의 확대를 통해 근대 사회를 지향하고 있었다. 셋째, 실학은 피지배층의 처지를 대변하고 옹호하고자 하였다. 성리학이 봉건적 지배층의 지도 원리였다면 실학은 피지배층의 편에서 제기된 개혁론이었다.

> 실학은 몇 가지 역사적 의의를 지니고 있다. 첫째, 실학에는 민족주의적 성격이 담겨 있었다. 당시의 주자학은 중국 중심의 세계관으로서 우리의 문화가 중국 문명의 일부로밖에 인식되지 않았으나, 실학자들은 우리 문화에 대한 독자적 인식을 강조하였다. 둘째, 실학에는 근대지향적인 성격이 내포되어 있었다. 실학자들은 사회 체제의 개혁, 생산력의 증대를 통해 근대 사회를 지향하고 있었다. 셋째, 실학은 피지배층의 처지를 대변하고 옹호하고자 하였다. 성리학이 봉건적 지배층의 지도 원리였다면 실학은 피지배층의 편에서 제기된 개혁론이었다.

① 1개　　② 2개
③ 3개　　④ 4개
⑤ 5개

19 다음은 5명 학생들의 2025년 1학기 기말고사 성적표이다. 생물 경시대회에 학교 대표로 참가하기 위해서는 국어, 영어, 수학 모두 합쳐 평균이 90점 이상이면서 각 과목의 점수가 80점 이상이어야 한다. 과학탐구 점수는 필수 합격 요건은 아니지만 만점을 받았을 경우 국어, 영어, 수학 세 과목 평균점수에서 5% 가산하여 최종 점수로 확정한다. 이때 5명의 학생들 중 생물 경시대회에 참가할 수 있는 사람을 바르게 짝지은 것은? (단, 소수점 둘째 자리에서 반올림하여 계산한다.)

구분	국어	수학	영어	과학탐구(50점 만점)
노현이	88점	92점	88점	44점
김지선	90점	94점	80점	50점
김태섭	75점	68점	97점	30점
박원빈	97점	97점	100점	45점
이창섭	100점	56점	78점	40점

① 김지선, 이창섭　　② 김태섭, 노현이
③ 노현이, 김지선　　④ 노현이, 박원빈
⑤ 김지선, 박원빈

20 다음 중 발음이 옳지 않은 것은?

① 물난리[물랄리]
② 부엌일[부엉닐]
③ 솔잎[솔닢]
④ 넓죽하다[넙쭈카다]
⑤ 색연필[생년필]

21 다음은 앞과 뒤에서 본 블록의 모양이다. 블록의 개수는?

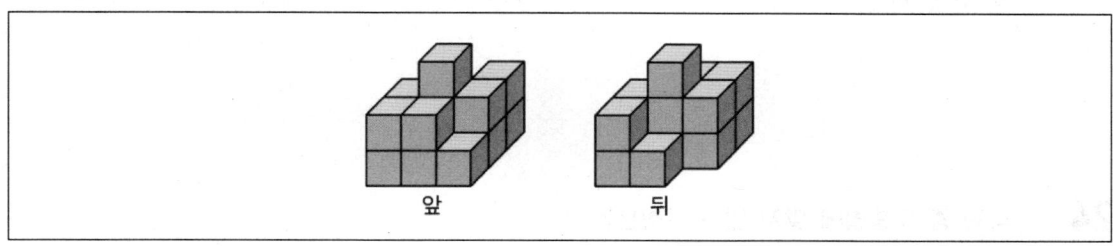

① 14개
② 15개
③ 16개
④ 17개
⑤ 18개

22 다음 대화의 밑줄 친 부분에 들어가기에 가장 적절한 문장은?

> A: I'm going nervous about the exam.
> B: _____

① I'm broke.
② Take it easy.
③ I am all thumbs.
④ That's a good idea.
⑤ Good for you.

23 다음 제시된 그림의 관 이음쇠의 명칭으로 옳은 것은?

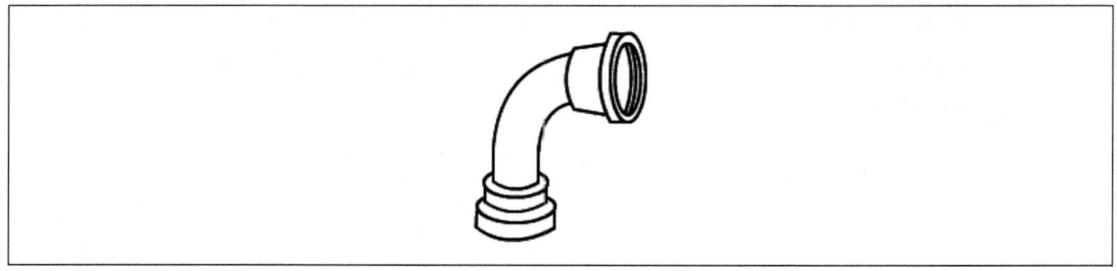

① 엘보
③ 암수 소켓
⑤ 암수 티
② 암수밸브
④ 벤드

24 다음 중 맞춤법에 맞지 않는 문장은?
① 우리 반에는 골칫거리들이 조금 있어.
② 이곳에서는 흡연을 삼가야 합니다.
③ 그가 이렇게 일찍 들어오는 것은 예삿일이 아니다.
④ 어머니는 오늘 아침 깍두기를 새로 담그셨다.
⑤ 얼마나 반갑든지 나도 모르게 눈물이 나왔다.

25 다음 제시된 도형을 왼쪽으로 90° 회전시킨 것은?

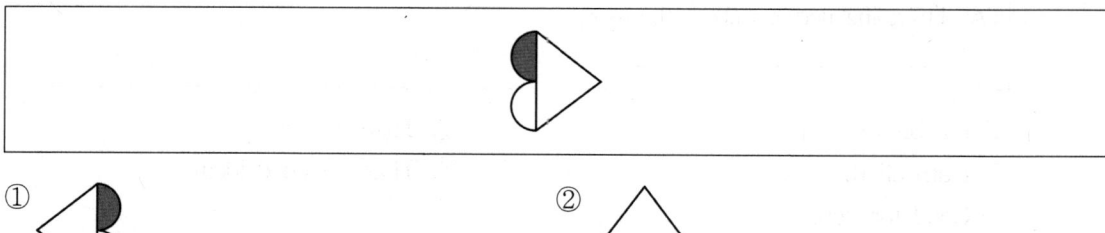

① 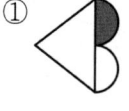　　　②

③ 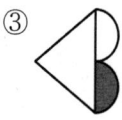　　　④

⑤

26 다음은 경제활동 참가율 및 실업률에 관한 자료를 바탕으로 분석한 자료이다. 이에 대한 설명으로 옳지 않은 것은?

연도별 경제활동 참가율 및 실업률

(단위 : %)

구분		2021년	2022년	2023년	2024년	2025년
경제활동 참가율	전체	62.1	62.4	62.8	63.3	63.7
	남자	73.5	73.7	73.6	74.3	73.9
	여자	50.3	50.8	51.1	51.4	51.5
실업률	전체	2.1	2.2	2.0	2.3	2.2
	남자	2.6	2.4	2.3	2.5	2.6
	여자	1.6	1.4	1.3	1.2	1.1

2025년 연령별 경제활동 참가율 및 실업률

(단위 : %)

구분		10대~20대	30대	40대	50대
경제활동 참가율	전체	46.3	78.8	82.1	76.3
	남자	45.7	94.3	95.1	90.3
	여자	48.1	57.1	68.8	68.1
실업률	전체	4.1	2.0	1.5	1.8
	남자	5.6	2.5	1.7	2.1
	여자	3.7	0.9	1.1	1.2

※ 경제활동 참가율은 15세 이상 인구 중 경제활동인구(취업자 + 실업자)가 차지하는 비율을 의미함
※ 실업률은 15세 이상 인구 중 실업자가 차지하는 비율을 의미함

① 2022년 전체 실업률은 전년 대비 상승하였으나 남자의 경우 감소했다.
② 2025년 30대 남성의 경우, 15세 이상 인구 중에서 취업자가 차지하는 비율이 92.3%이다
③ 2025년 남녀 실업률 차이가 가장 큰 연령대는 10대~20대이다.
④ 여자의 실업률의 경우, 2021년 이후로 감소 추세를 보이고 있다.
⑤ 2025년 경제활동 참가율은 40대, 전체 실업률은 10대~20대에서 가장 높다.

27 다음 대화에서 알 수 없는 사실은?

> A: Who is Heeju?
> B: Oh, she's my cousin in Australia. She comes here to visit her grandparents in Korea. Oh, look! There she is!
> A: Which one? Is she wearing glasses?
> B: No, She isn't wearing glasses. She is the one with a hat.
> A: Oh, I see. She is wearing a striped shirt.
> B: Yes, that's right.

① 희주는 B의 사촌으로, 호주에 살고 있다.
② A는 이전에 희주를 본 적이 없다.
③ 희주는 안경을 끼고 모자를 쓰고 있다.
④ 희주는 줄무늬 셔츠를 입고 있다.
⑤ 희주는 한국에 계신 조부모님을 방문하기 위해 한국에 왔다.

28 다음 제시된 도형과 같은 도형은?

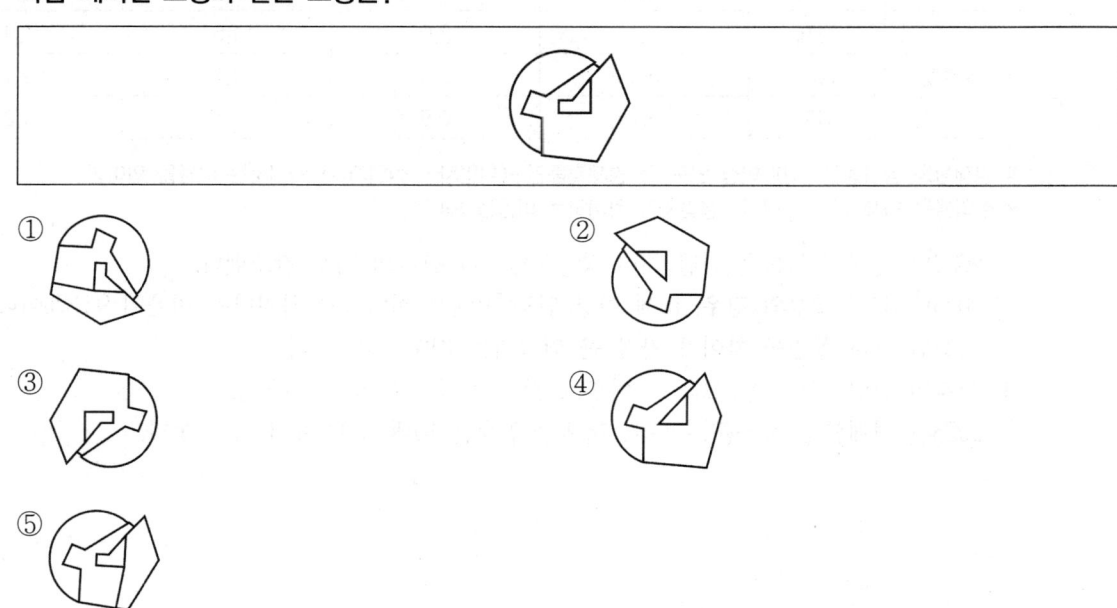

29 다음 중 공기식 브레이크의 장점으로 옳은 것은?
① 공기압축기의 구동에 엔진의 출력이 소모되지 않는다.
② 구조가 단순하다.
③ 가격이 저렴하다.
④ 베이퍼 록 발생 염려가 없다.
⑤ 페달을 밟지 않아도 제동력이 조절된다.

30 다음 글을 통해 알 수 없는 것은?

> 보험이란 같은 위험을 보유한 다수인이 위험 공동체를 형성하여 보험료를 납부하고 보험 사고가 발생하면 보험금을 지급받는 제도이다. 보험금 지급은 사고 발생이라는 우연적 조건에 따라 결정되는데, 이처럼 보험은 조건의 실현 여부에 따라 받을 수 있는 재화나 서비스가 달라지는 조건부 상품이다.
> 공정한 보험에서는 구성원 각자가 납부하는 보험료와 그가 지급받을 보험금에 대한 기댓값이 일치해야 하며 구성원 전체의 보험료 총액과 보험금 총액이 일치해야 한다. 이때 보험금에 대한 기댓값은 사고가 발생할 확률에 사고 발생 시 수령할 보험금을 곱한 값이다.
> 현실적으로 보험사는 영업 활동에 소요되는 비용 등을 보험료에 반영하기 때문에 공정한 보험이 적용되기 어렵지만 기본적으로 위와 같은 원리를 바탕으로 보험료와 보험금을 산정한다. 그런데 보험 가입자들이 자신이 가진 위험의 정도에 대해 진실한 정보를 알려 주지 않는 한, 보험사는 보험 가입자 개개인이 가진 위험의 정도를 정확히 파악하여 거기에 상응하는 보험료를 책정하기 어렵다.
> 이러한 이유로 사고 발생 확률이 비슷하다고 예상되는 사람들로 구성된 어떤 공동체에 사고 발생 확률이 더 높은 사람들이 동일한 보험료를 납부하고 진입하게 되면, 그 위험 공동체의 사고 발생 빈도가 높아져 보험사가 지급하는 보험금의 총액이 증가한다. 보험사는 이를 보전하기 위해 구성원이 납부해야 할 보험료를 인상할 수밖에 없다. 이를 해결하기 위해 보험사는 보험 가입자의 감춰진 특성을 파악할 수 있는 수단이 필요하다.
> 우리 상법에 규정되어 있는 '고지 의무'는 이러한 수단이 법적으로 구현된 제도이다. 보험 가입자는 반드시 계약을 체결하기 전에 '중요한 사항'을 알려야 하고, 이를 사실과 다르게 진술해서는 안 된다. 이 '중요한 사항'은 보험사가 보험 가입자의 청약에 대한 승낙을 결정하거나 차등적인 보험료를 책정하는 근거가 된다. 따라서 고지 의무는 결과적으로 다수의 사람들이 자신의 위험 정도에 상응하는 보험료보다 더 높은 보험료를 납부해야 하거나, 이를 이유로 아예 보험에 가입할 동기를 상실하게 되는 것을 방지한다.
> 보험 계약 체결 전 보험 가입자가 고의나 중대한 과실로 '중요한 사항'을 보험사에 알리지 않거나 사실과 다르게 알리면 고지 의무를 위반하게 된다. 이러한 경우에 우리 상법은 보험사에 계약 해지권을 부여한다. 보험사는 보험 사고가 발생하기 이전이나 이후에 상관없이 고지 의무 위반을 이유로 계약을 해지할 수 있고, 해지권 행사는 보험사의 일방적인 의사 표시로 가능하다. 해지를 하면 보험사는 보험금을 지급할 책임이 없게 되며, 이미 보험금을 지급했다면 그에 대한 반환을 청구할 수 있다.

① 고지 의무를 위반한 보험 가입자는 일방적으로 보험 계약이 해지될 수 있다.
② 공정한 보험에서는 구성원 전체의 보험료 총액과 보험금 총액이 일치하여야 한다.
③ 보험사는 보험 가입자의 '중요한 사항'을 토대로 차등적인 보험료를 책정할 수 있다.
④ 고지 의무는 불합리한 높은 보험료를 이유로 보험 가입을 포기하는 사람들이 생기는 것을 방지한다.
⑤ 고지 의무와 우리 상법에서 보험사에게 부여하는 계약 해지권은 보험사의 권리 보호만을 위한 법률이다.

31 다음은 간암 환자 1,000명을 대상으로 550명에게는 약물 치료를 하고, 450명에게는 방사선 치료를 한 후의 결과를 나타낸 자료이다. 약물 치료 환자 중 퇴원한 환자의 비율이 70%일 때, 방사선 치료를 받은 환자 중 퇴원하지 못한 환자는 몇 명인가?

(단위: 명)

구분	퇴원한 환자 수	퇴원하지 못한 환자 수
약물 치료	x	y
방사선 치료	z	w
합계	615	385

① 215명 ② 220명
③ 225명 ④ 230명
⑤ 235명

32 다음 제시된 도형을 오른쪽으로 90° 회전시킨 것은?

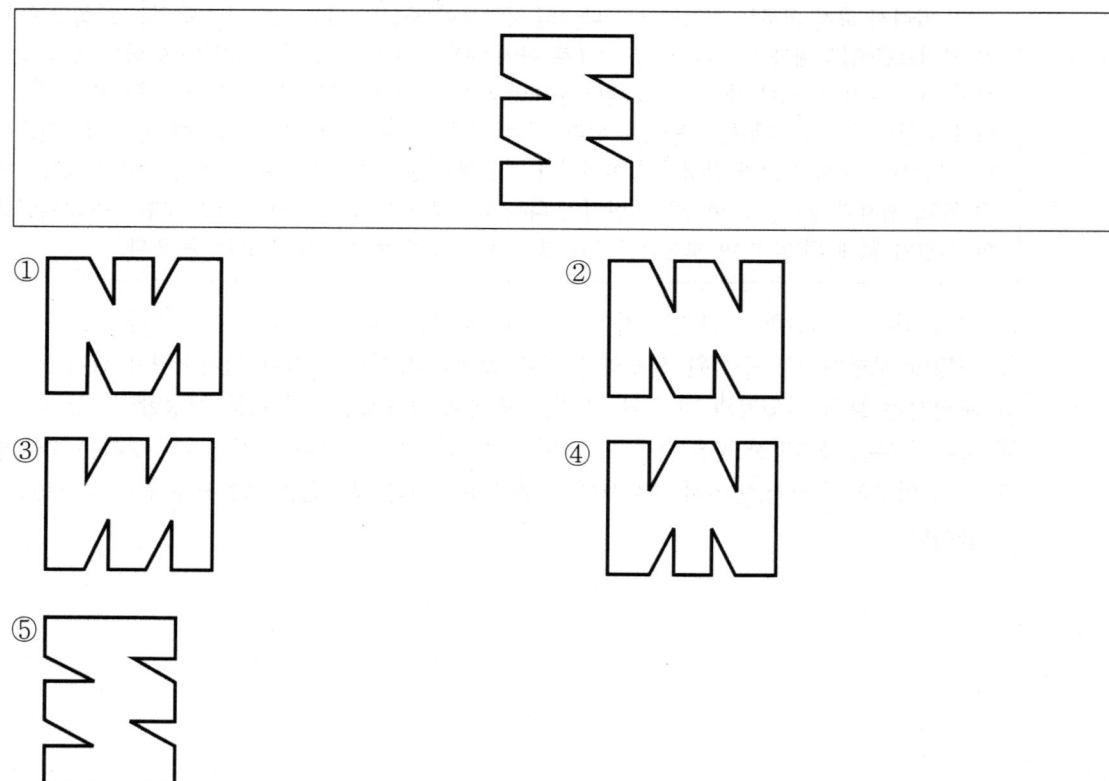

33 제시된 단어의 관계와 동일한 것은?

풍광 : 경치

① 항거 : 순종
② 급성 : 만성
③ 생뚱맞다 : 엉뚱하다
④ 포용 : 배척
⑤ 다소곳하다 : 되바라지다

34 폐회로에서 110V 직류 전원에 4Ω, 5Ω, 20Ω 3개의 저항이 병렬로 접속되었을 때 합성저항은 몇 Ω인가?

① 0.2Ω
② 2Ω
③ 2.5Ω
④ 20Ω
⑤ 25Ω

35 갑, 을, 병, 정, 무 5명이 높이뛰기 시합을 해 높이 뛴 순서대로 줄을 섰다. 다음 조건을 모두 고려했을 때, 옳지 않은 것은?

- 높이 뛴 사람일수록 줄 앞에 선다.
- 갑은 병보다 높이 뛰었다.
- 정과 무 사이에는 2명이 있다.

① 정이 가장 높이 뛰었다면, 갑은 2번째 아니면 3번째에 서게 된다.
② 정이 가장 높이 뛰었다면, 줄을 선 순서로 가능한 경우는 4가지이다.
③ 무가 반드시 갑 뒤에 서는 것은 아니다.
④ 병이 무 앞에 설 수도 있다.
⑤ 을이 가장 높이 뛰었다면, 병은 반드시 갑 뒤에 선다.

36 인국과 은지가 충주호에서 유람선을 탔다. 일정한 유속의 충주호에서 6km/h의 속력으로 이동하는 유람선은 상류 출발 지점에서 반환점까지 내려가는 데는 2시간이 걸리고, 반환점을 돌아서 다시 출발점까지 강을 거슬러 올라가는 데는 3시간이 걸린다고 한다. 이때 충주호의 유속은 얼마인가?

① 1km/h
② $\frac{6}{5}$km/h
③ 2km/h
④ $\frac{11}{5}$km/h
⑤ 3km/h

37 다음 제시된 입체도형 중 나머지 넷과 다른 하나는?

① 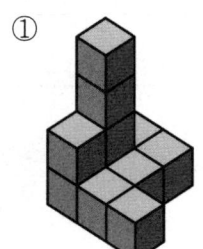   ②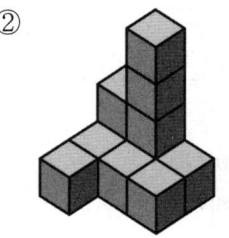

③    ④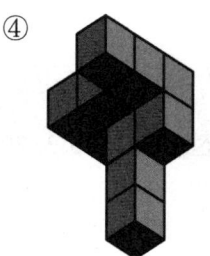

⑤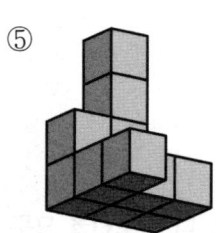

38 타이어 호칭기호 '245/50ZR18 104W'에서 245가 나타내는 것은?
① 타이어의 단면폭
② 편평비
③ 타이어의 속도기호
④ 타이어의 휠 직경
⑤ 레이디얼 구조

39 제시된 입체도형의 전개도로 알맞은 것은?

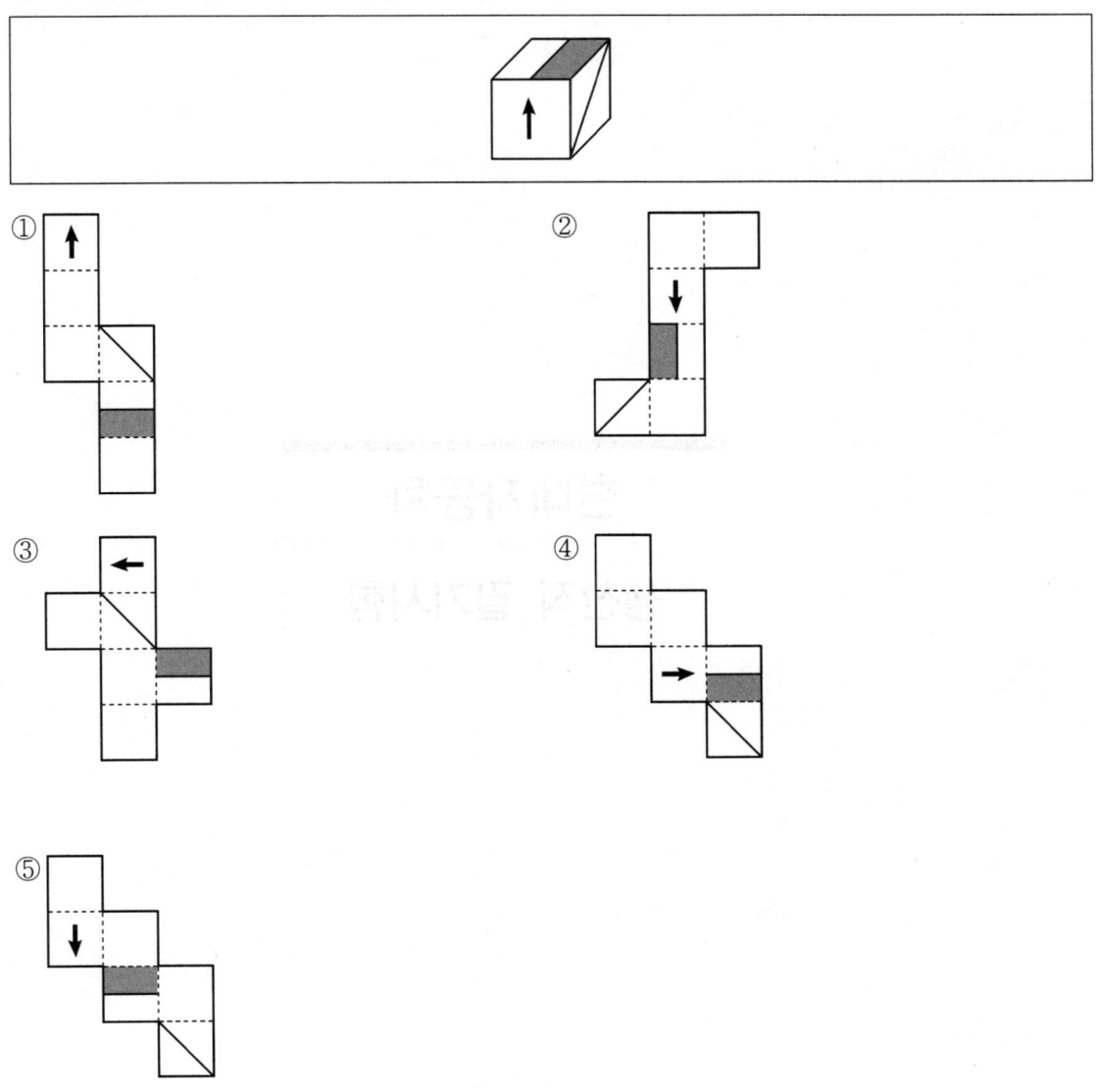

40 다음 문장의 의미를 바르게 해석한 것은?

Do you mind if I throw them away?

① 내가 그것들을 버려도 괜찮을까?
② 내가 그걸 저기에 둬도 괜찮을까?
③ 저것들을 좀 버려줄 수 있니?
④ 저걸 버려서 마음이 상했니?
⑤ 저걸 같이 버리자.

현대자동차

생산직 필기시험

박문각

현대자동차

생산직 필기시험
봉투모의고사

／

5회

제5회 모의고사
(40문항 / 30분)

01 다음 6V 배터리와 12W 램프 2개로 구성된 회로의 퓨즈에 흐르는 전류의 값은 얼마인가?

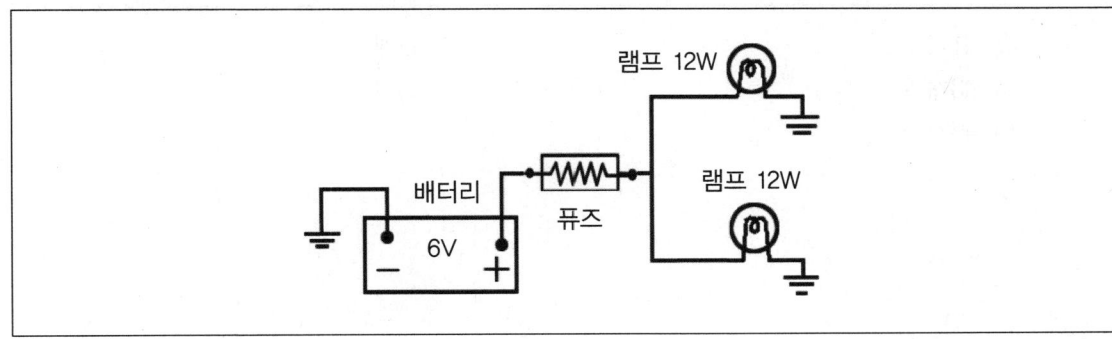

① 2A
② 4A
③ 8A
④ 16A
⑤ 32A

02 다음 나열된 숫자의 배열 규칙을 찾아 빈칸에 알맞은 답을 고르면?

3 12 4 ( ) 8 32 24

① 14
② 15
③ 16
④ 17
⑤ 18

03 A, B, C, D, E의 5개 회사가 5층의 건물의 각 층을 사용하고 있다. B와 C 간의 층수 차이가 A와 B 간의 층수 차이와 같다. D가 E보다 더 높은 층에 위치하며, A는 5층에, C는 1층에 위치한다고 할 때, 다음 중 항상 참인 것은?

① A와 E는 인접 층이다.
② B와 E는 인접 층이다.
③ E는 2층보다 높은 층에 위치한다.
④ D는 2층에 위치한다.
⑤ D와 C는 인접 층이다.

04 다음은 크기가 같은 블록을 쌓아 만든 입체도형이다. 이때, 블록의 개수는? (단, 보이지 않는 곳에는 블록이 없다.)

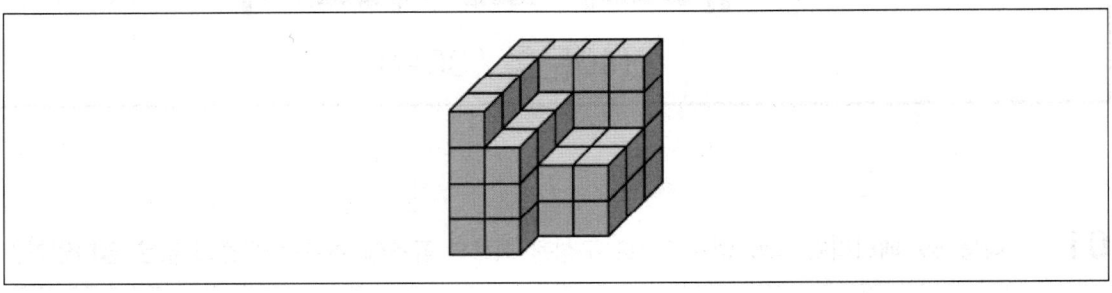

① 41개 ② 42개
③ 43개 ④ 45개
⑤ 46개

05 다음 문장의 의미를 바르게 해석한 것은?

> She makes presentations to very large groups.

① 그녀는 매우 많은 사람들에게 자신의 참석을 알린다.
② 그녀는 물건을 매우 큰 그룹으로 나눠 진열한다.
③ 그녀는 매우 많은 사람들을 상대로 발표를 한다.
④ 그녀는 매우 큰 무리에 들어갈 뜻을 밝힌다.
⑤ 그녀는 매우 많은 사람들에게 선물을 돌린다.

06 다음 중 맞춤법에 맞는 문장은?
① 부장은 올해 목표 생산량을 늘렸다.
② 시험을 치루고 나니 허탈감이 몰려왔다.
③ 영희는 과자 한 봉지를 금새 먹어치웠다.
④ 그는 친구집에 더부살이로 허드레일을 하면서 지냈다.
⑤ 그렇게 아둥바둥 살아야 해?

07 병뚜껑을 열기 위해서는 500N의 힘이 필요한데, 전체 길이가 20cm인 병따개를 이용하여 뚜껑을 여는 데 100N의 힘이 들었다. 이때 a의 길이는 얼마인가?

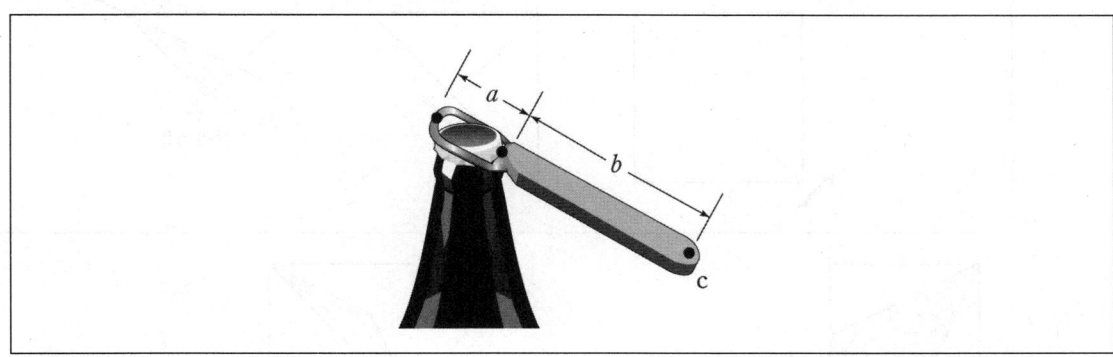

① 2.5cm ② 3cm
③ 3.5cm ④ 4cm
⑤ 4.5cm

08 다음 그림에서 일정한 규칙을 찾아 ?에 들어갈 알맞은 숫자를 고르면?

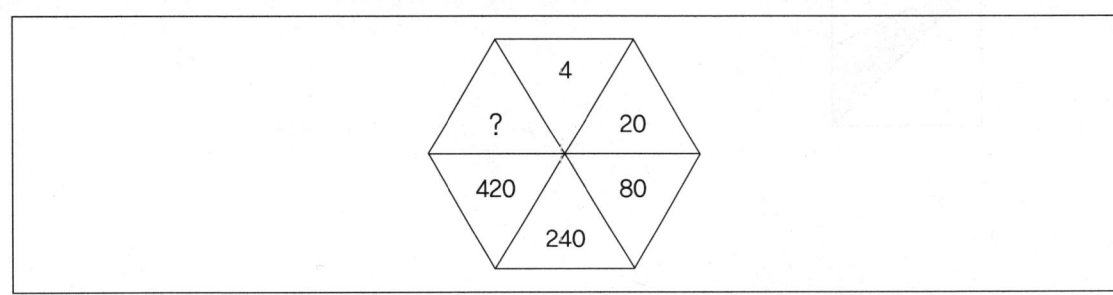

① 160 ② 280
③ 300 ④ 420
⑤ 540

09 다음 대화로 미루어보아, 대화가 이루어진 장소를 고르면?

A: Please, take me the Royal Hotel.
B: Sure. Is this your first visit to this city?
A: Yes, it is. How long does it take to go to the hotel?
B: About 5 minutes. Not far from here. Here we are. That'll be $12.
A: Here you are. Keep the change.

① at a hotel ② at an airport
③ at a museum ④ in a taxi
⑤ in a travel agency

10 종이를 화살표 순서대로 접은 후 가위로 오려서 다시 펼쳤을 때의 그림으로 옳은 것은?

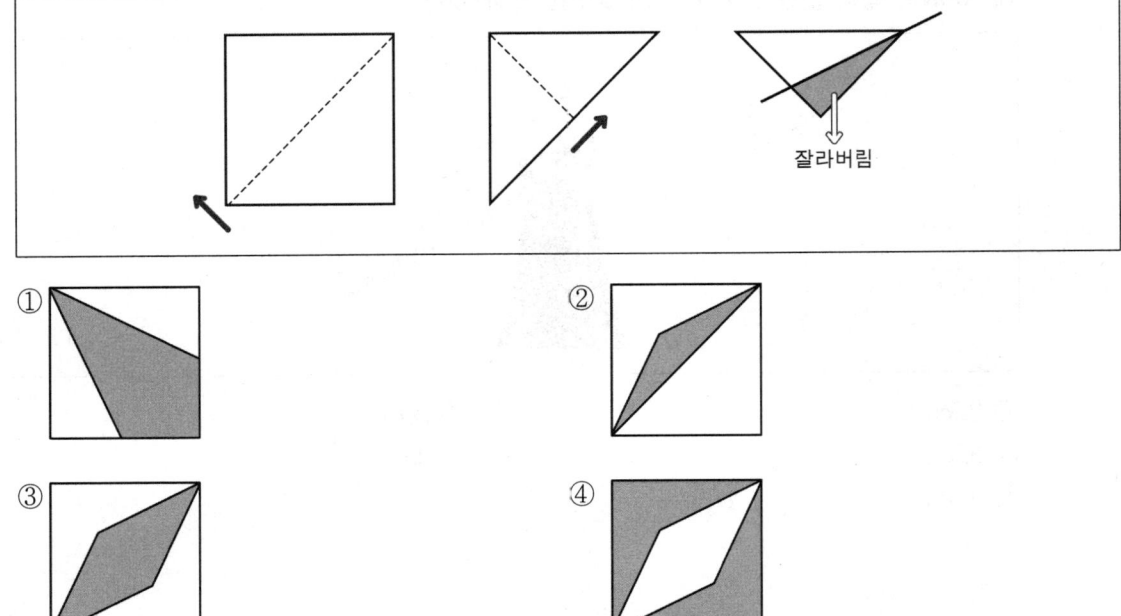

11 단어 간 관계가 나머지 넷과 다른 것은?
① 딸기 : 과일
② 호랑이 : 동물
③ 희곡 : 문학
④ 고등어 : 어류
⑤ 학생 : 교사

12 0에서 7까지의 숫자가 적힌 8장의 카드 중에서 3장을 뽑아 세 자리 정수를 만들 때, 만들 수 있는 5의 배수의 개수는?
① 76개
② 78개
③ 80개
④ 82개
⑤ 84개

13 다음 제시된 도형을 오른쪽으로 90° 회전시킨 것은?

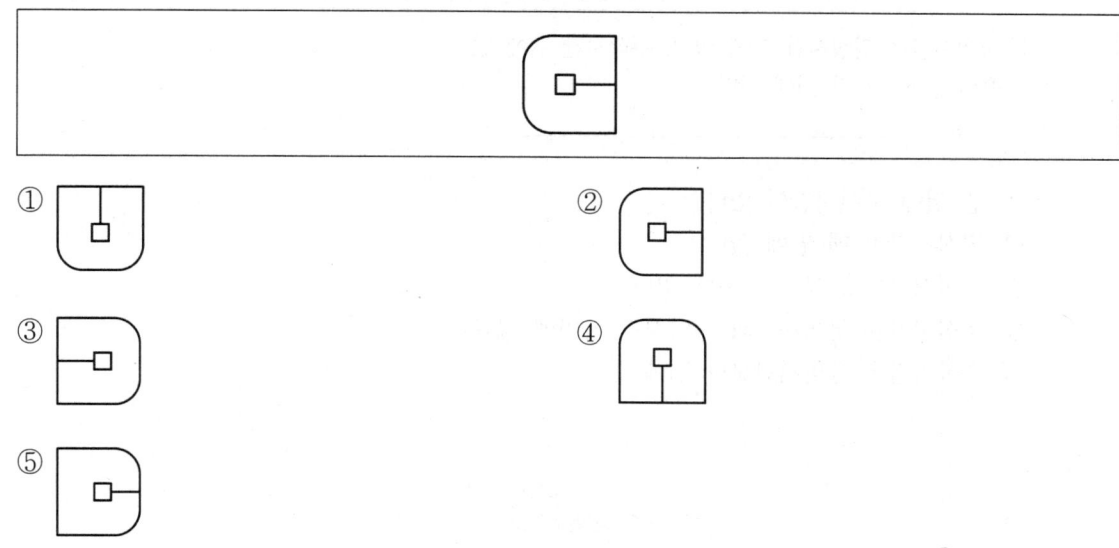

14 다음 트레드 패턴의 명칭과 설명을 바르게 짝지은 것은?

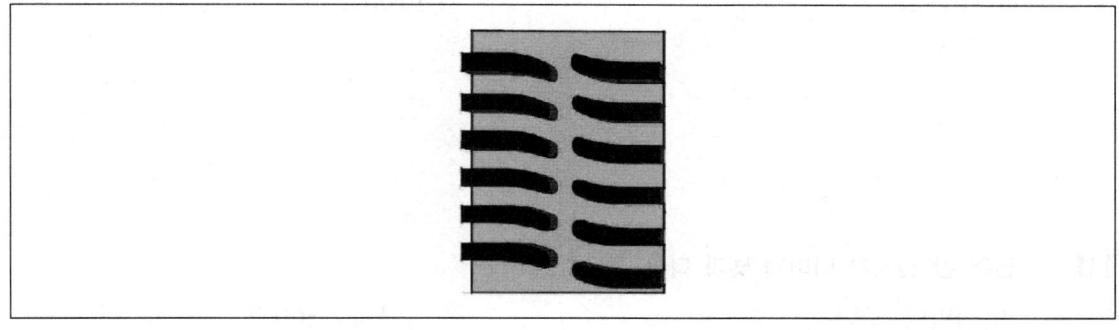

① 리브: 진행 방향이 연속되어 회전저항이 적고 승차감이 우수하며 고속 주행에 안정성을 준다.
② 러그: 숄더 부분의 방열이 우수하고 강력한 견인력을 발휘하여 제동성능과 구동력이 좋다.
③ 리브러그: 고속도로나 험한 악로에서도 우수한 견인력을 갖추고 있어 고속버스나 트럭 등에 사용된다.
④ 블록: 모랫길이나 눈길 등의 도로를 다지면서 주행하여 미끄러움을 방지할 수 있다.
⑤ 오프더로드: 진흙 길에서도 우수한 견인력을 보이며 건설기계용으로 사용된다.

15 좌우를 비교했을 때, 서로 다른 것은?
① 451390902 - 451390902
② NrQCAd554 - NrQCAd554
③ ▶↑↓↓↑▲□★ - ▶↑↓↓↑▲□★
④ ㅁㅁㅎㅍㅍㅗㅇㄴㅋㅌ - ㅁㅁㅎㅍㅍㅗㅇㄴㅋㅌ
⑤ OWMVLGEXXED - OWMVLGEXEED

16 다음 밑줄 친 부분에 들어갈 문장으로 가장 적절한 것은?

> 국어시간은 점심시간 앞에 있고, 수학시간 뒤에 있다.
> 음악은 점심시간 뒤에 있다.
> 그러므로, _____

① 맨 뒤에 국어시간이 있다.
② 점심시간이 맨 앞에 있다.
③ 국어시간이 음악시간 뒤에 있다.
④ 점심시간은 국어시간과 음악시간 사이에 있다.
⑤ 수학시간은 음악시간보다 뒤에 있다.

17 다음을 계산하면 몇 초인가?

> 65분 + 925초 + 1시간 32분 4초

① 10103초
② 10295초
③ 10349초
④ 10375초
⑤ 10905초

18 단어 간 관계가 나머지 넷과 다른 것은?
① 어머니 : 모친
② 항구적 : 일시적
③ 규율 : 규칙
④ 이용 : 사용
⑤ 내일 : 명일

19 윤활장치의 유압이 낮아지는 원인으로 옳은 것은?
① 윤활유의 점도가 높은 경우
② 윤활회로가 막힌 경우
③ 유압 조절 밸브 스프링의 장력이 클 때
④ 베어링의 오일 간극이 클 경우
⑤ 오일의 양이 많은 경우

20 두 단어의 관계가 나머지와 다른 하나는?

① assess – evaluate
② extend – reduce
③ cool – warm
④ clear – cloudy
⑤ exciting – boring

21 60L 용량의 제습기에 A버튼으로 4분, B버튼으로 2분 동안 제습을 했더니 물이 전체 용량의 $\frac{2}{5}$가 채워졌고, A버튼으로 2분, B버튼으로 4분 동안 제습을 했더니 물이 전체 용량의 절반이 채워졌다. A, B 두 버튼으로 1분 동안 제습을 한다면 전체 용량의 얼마만큼 채워지겠는가?

① $\frac{1}{10}$
② $\frac{3}{20}$
③ $\frac{1}{5}$
④ $\frac{1}{4}$
⑤ $\frac{3}{10}$

22 다음 그림들 중 나머지와 다른 하나는?

①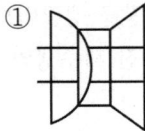
②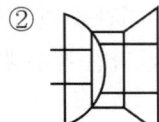
③
④
⑤

[23~24] 다음은 ○○학원 재수생을 대상으로 입시준비 기간과 이에 따른 지출비용에 대해 조사한 자료이다. 이를 보고 이어지는 물음에 답하시오.

구분	평균	6개월 미만	6개월 이상~1년 미만	1년 이상~2년 미만	2년 이상
대상분포(%)	—	6.5	53.8	35.5	4.2
사교육비(만 원)	31	23.4	32.3	38.7	29.6
생활비(만 원)	56.4	53.1	57.3	60.2	55.1
교재비(만 원)	5.7	10.5	6.8	3.3	2.2

※ 비용은 한 달을 기준으로 한다.
※ 교재비는 총 비용을 기간으로 나눈 것이다.

23 생활비 대비 사교육비 비율이 가장 높은 입시준비 기간의 구간은?

① 6개월 미만
② 6개월 이상~1년 미만
③ 1년 이상~2년 미만
④ 2년 이상
⑤ 알 수 없다.

24 위 자료에 대한 설명으로 옳은 것은?

① 6개월 이상~1년 미만 준비 기간을 가진 재수생 비중은 1년 이상~2년 미만 준비 기간을 가진 재수생 비중보다 18.3%p 더 적다.
② 1년 이상~2년 미만 준비 기간을 가진 재수생의 생활비는 ○○학원 재수생 평균 생활비보다 적다.
③ 6개월 미만의 준비 기간을 가진 재수생과 1년 이상~2년 미만 준비기간을 가진 재수생의 교재비는 8만 원 이상 차이 난다.
④ 사교육비와 생활비의 증감 추이는 같다.
⑤ 1년 이상~2년 미만 준비 기간을 가진 재수생은 2년 이상 준비 기간을 가진 재수생보다 9배 이상 더 많다.

25 다음 제시된 그림들 중에서 나머지와 다른 하나는?

① ② ③ ④ ⑤

26 다음 밑줄 친 단어와 같은 의미로 사용된 것은?

> 지수는 올해에는 반드시 시험에 합격해야 한다는 부담을 안고 공부에 전념했다.

① 그는 우는 아이를 안아서 달래기 시작했다.
② 어머니는 시험을 마치고 지쳐 돌아온 나를 따뜻하게 안아주셨다.
③ 빚을 안고 산 집이지만 뿌듯한 마음은 감출 수가 없다.
④ 그는 사장님의 실없는 농담에 배를 안고 웃는 척 했다.
⑤ 단풍이 물드는 산을 안고 있는 외가의 가을정취는 낭만적이다.

27 다음 중 전기 모터식 동력조향장치에서 동력을 배력하는 방식으로 옳지 않은 것은?
① 유압식
② 랙기어식
③ 칼럼식
④ 유압모터식
⑤ 피니언식

28 다음 중 영단어와 그 뜻이 바르게 연결되지 않은 것은?

① arrest - 체포하다
② effective - 효과적인
③ major - 가벼운
④ routine - 일상적인
⑤ avoid - 피하다

29 다음 전개도를 접었을 때 나올 수 있는 도형으로 알맞은 것은?

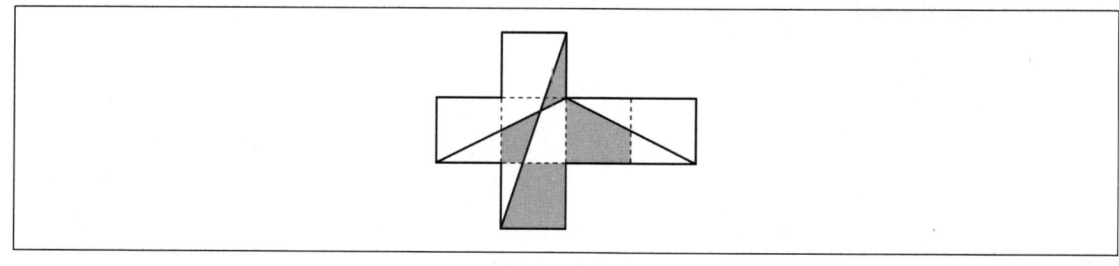

① 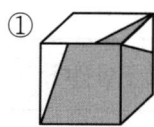   ②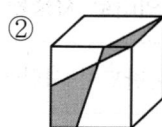

③ 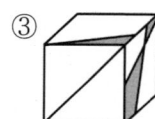   ④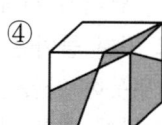

⑤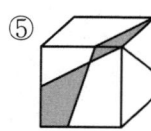

30. 다음 글의 내용과 일치하지 않는 것은?

지구상에 존재하는 모든 생물은 각 생물에 맞는 에너지원을 흡수하고, 흡수한 에너지원을 체내에서 합성하여 생명 유지에 필요한 다양한 활동에 활용한다. 즉, 모든 생물은 살아남기 위해서 반드시 특정한 에너지원을 공급받아야 한다. 여러 가지 원인으로 인해 어떠한 생물이 자신에게 필요한 특정한 에너지원을 흡수하지 못할 경우, 해당 생물은 죽음을 맞이하게 된다. 이처럼 에너지원의 흡수는 생명체에게 있어 생존을 위한 필수적인 요소이다. 에너지원을 흡수하는 방식은 각 생물마다 다르게 나타나는데, 식물의 경우 광합성 등을 통해 에너지원을 공급받는 것이 일반적이다. 인간을 포함한 대부분의 동물들은 식물을 채집하여 섭취하거나, 먹이사슬에서 자신보다 하위에 있는 다른 동물을 잡아 섭취하는 방식으로 에너지원을 공급받는다.

하지만 다른 동·식물과는 달리 특이한 방식으로 에너지원을 공급받는 생물들도 일부 존재한다. 광합성 등의 태양 에너지나, 다른 동·식물 등의 생명체를 섭취하는 방식과는 달리 무생물에게서 생존에 필요한 에너지원을 공급받는 경우도 있다. 돌과 같은 무생물은 일반적으로 생명 유지에 필요한 에너지원을 공급하지 못하는 사물로 취급받는 경우가 대부분이지만, 특이하게도 일부 배좀벌레조개는 돌을 섭취하여 에너지원을 공급받는다.

대부분의 배좀벌레조개는 나무 주변에서 서식하며, 나무를 갉아 에너지원으로 삼는다. 바다에 서식하며 바다 주변의 나무를 갉아먹는다는 생물학적 특성을 가진 배좀벌레조개는 서식지 인근의 나무를 가리지 않고 닥치는 대로 갉아먹기 때문에 인근 어민들에게는 막대한 재산 손실을 야기하는 불편한 존재로 여겨지기도 한다. 이러한 배좀벌레조개 중 한정되어 있는 극소수 배좀벌레조개는 나무가 아닌 돌을 에너지원으로 하여 생명을 유지한다. 나무 대신 돌을 에너지원으로 삼는 배좀벌레조개는 필리핀의 아바탄 강 유역에서만 한정적으로 발견되고 있다. 아바탄 강에서 발견되는 배좀벌레조개의 경우 아바탄 강바닥의 석회암 암반을 에너지원으로 삼아 서식한다. 아바탄 강의 지질학적 특성인 석회암을 갉아먹는 독특한 방식으로 에너지원을 공급받는 것이다.

어떠한 연유로 아바탄 강의 배좀벌레조개만 돌을 에너지원으로 삼는 특이한 행태를 보이는 것인지에 대해서는 아직 정확하게 밝혀진 바가 없다. 돌을 갉아먹는 배좀벌레조개와 대부분의 배좀벌레조개의 또 다른 차이점은 이들이 인간 세계에 끼치는 경제적 손실 규모에 있다. 나무를 섭취하는 대부분의 배좀벌레조개는 바다 위 목선을 비롯해 양식용 막대기나 해안구조물, 어구에 이르기까지 닥치는 대로 나무에 구멍을 내기 때문에 이와 관련된 경제적 손실이 세계적으로 연간 수십억 달러에 이른다. 그러나 돌을 에너지원으로 삼는 배좀벌레조개의 경우, 강바닥의 석회암 암반을 에너지원으로 삼을 뿐 건물이나 구조물의 석재를 갉아먹지는 않기 때문에 인간 세계에 경제적 손실을 끼치지는 않는다. 더불어 아바탄 강의 배좀벌레조개는 돌을 갉아먹는 일련의 과정을 통해 강바닥의 석회암 암반의 물길을 바꾸어 아바탄 강에 서식 중인 여타 수생 생물에게 풍부한 서식 환경을 조성하는 등의 부가적인 역할도 함께 수행한다.

① 대부분의 배좀벌레조개의 에너지원 섭취는 해양 관련 종사자들에게 경제적인 손실을 야기한다.
② 필리핀 아바탄 강에 서식하는 일부 한정된 배좀벌레조개의 경우 에너지원 흡수 과정이 서식 환경의 변화를 불러일으키기도 한다.
③ 인간과 같이 다른 생명체의 흡수를 통해 에너지원을 공급받는 생물이 있는 반면, 무생물에게서 에너지원을 공급받는 생물도 존재한다.
④ 석회암을 주 에너지원으로 삼는 일부 배좀벌레조개와 대부분의 배좀벌레조개 간의 차이에 대한 원인은 아직 뚜렷하게 입증된 바 없다.
⑤ 돌을 에너지원으로 섭취하는 배좀벌레조개는 흡수하는 에너지원에는 차이가 있지만 대부분의 배좀벌레조개와 마찬가지로 생태계 파괴를 유도한다.

31 타이어의 회전 토크가 50kgf·m이고 타이어의 반지름이 25cm일 때, 타이어의 구동력은 얼마인가?

① 50kgf
② 100kgf
③ 150kgf
④ 200kgf
⑤ 250kgf

32 다음 그림들 중 나머지와 다른 하나는?

①
②
③
④
⑤

33 다음의 명제가 모두 참이라고 가정했을 때, 반드시 참이 아닌 것은?

> 1. 윤리의식이 없는 인간은 부패한다.
> 2. 부패한 인간은 양심을 지키지 않는다.
> 3. 자신의 행동에 부끄러움을 못 느끼는 인간은 윤리의식이 없다.

① 부패하지 않은 인간은 윤리의식이 있다.
② 양심을 지키는 인간은 부패하지 않았다.
③ 윤리의식이 있는 인간은 자신의 행동에 부끄러움을 느낀다.
④ 자신의 행동에 부끄러움을 느끼는 인간은 윤리의식이 있다.
⑤ 자신의 행동에 부끄러움을 못 느끼는 인간은 부패한다.

34 다음 제시된 그림의 (A)의 특징으로 옳은 것은?

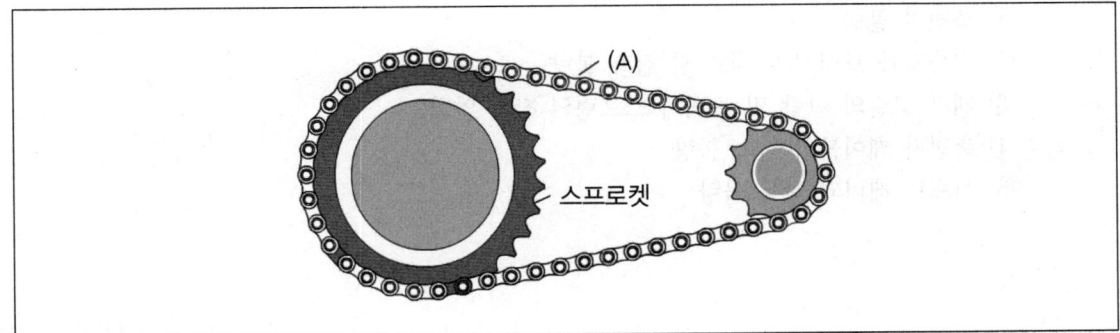

① 고속 운전이 가능하다.
② 길이 조정이 용이하다.
③ 운전이 정숙하다.
④ 이음이 없어 전체가 균일한 강도를 갖는다.
⑤ 장력이 작아 베어링의 부하가 적다.

35 다음 단어 간 관계를 유추하여 빈칸에 들어갈 알맞은 단어를 고르면?

cooking : pan = machine : (　　　)

① electricity
② computer
③ car
④ TV
⑤ radio

36 다음 대화의 밑줄 친 부분에 들어가기에 가장 적절한 문장은?

A: Excuse me. Did bus number 301 pass?
B: You're a little bit late. _____
A: Oh, my god. I'll be late for the meeting.

① It just left.
② It's about ten minutes' walk.
③ The traffic is jammed.
④ Pick up speed.
⑤ You call the police.

37 다음 중 기동 전동기의 회전이 느려지는 경우로 옳지 않은 것은?

① 축전지 불량
② 정류자와 브러시의 마모 및 접촉 불량
③ 계자 코일의 단락 및 브러시 스프링의 장력 약화
④ 축전지 케이블의 접속 불량
⑤ 시프트 레버의 작동 불량

38 다음 제시된 도형 중에서 나머지와 다른 하나는?

① 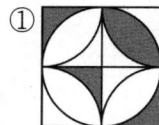   ②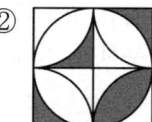

③ 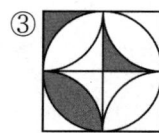   ④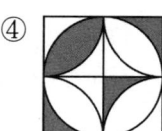

⑤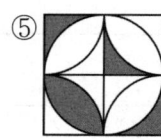

39 다음 글의 내용과 일치하는 것은?

> 미사일이란 목표물을 타격하기 위해 유도 기능을 장치한 로켓 무기를 말한다. '유도가 된다'는 것이 로켓과 미사일을 나누는 중요한 차이점이며, 유도가 된다는 점으로 인해 예측 사격으로는 맞추기 힘든 빠른 속도로 이동하며 멀리 떨어져 있는 목표를 정밀하게 공격하는 것이 장점이다. 그래서 유도탄이라고도 한다. 현대적인 미사일의 시초는 독일이 제2차 세계대전 기간 개발한 V2라 할 수 있다.
> 미사일은 비행 방식에 따라 순항미사일과 탄도미사일로 구분된다. 순항(크루즈)미사일은 비행기처럼 소형 제트엔진을 달고 날개에서 생기는 양력을 이용하여 일정 비행경로를 따라 날아간다. 이러한 크루즈미사일은 대부분 레이더에 탐지되는 것을 피하기 위해 불과 몇 십 미터 이하의 낮은 고도로 날아간다. 이에 비해 스커드 같은 미사일은 일단 로켓을 점화하여 위로 솟구친 다음 포물선을 그리며 자유낙하하는데 날아가는 모양이 포탄의 궤적과 같다 하여 탄도(ballistic)미사일이라고 부른다. 그리고 이 탄도미사일 중에서도 사정거리가 5,500km가 넘는 것을 ICBM(대륙간탄도미사일, InterContinental Ballistic Missile)이라고 부른다. 적의 군사적, 경제적 기반을 공격하는 전략무기체제의 하나로 핵탄두를 장착하여 먼 거리에 있는 적의 시설을 공격한다. 전략 핵무기 중에서도 발사준비에 걸리는 시간이 짧고 위력적인 것이 대륙간탄도미사일의 특징이다. 전략 탄도미사일 중에서 사거리가 960~5,500km 정도로 ICBM보다 좁은 미사일은 '중거리탄도미사일(IRBM)'이라 한다. 잠수함에서 발사하는 미사일은 '잠수함발사탄도미사일(SLBM, Submarine – Launched Ballistic Missile)'이라 한다.
> 장거리 탄도미사일은 하늘 높이 솟구쳤다가 포물선을 그리면서 대기권에 재진입한다. 재진입할 때 종말속도가 음속의 20배(마하 20)가 넘어 요격하기가 쉽지 않다. 이때 탄두에는 수천도의 고온이 발생하기 때문에 기술적으로 대기권 재진입이 마지막 관문이 된다. 북한의 재진입 기술 확보를 두고 서방 세계 전문가들 사이에 의견이 엇갈리는 것도 이러한 탄도 미사일의 특성에 기인한다.
> 미사일 유도 방식으로는 항법 유도, 지령 유도, 호밍 유도가 있다. 항법 유도는 표적에 대한 좌표정보를 주면, 미사일이 현재 자신의 위치를 확인하면서 정해진 좌표를 향해 날아가는 방식이다. 쉽게 말해 표적을 지도에 표시해주고, 내비게이션 하나 던져 주는 것으로 비유할 수 있는데 GPS 유도, 관성항법 유도, 지형참조 유도 방식 등이 쓰인다. 지령 유도는 지상의 컴퓨터가 알아서 미사일을 조종하는 방식이며, 호밍 유도는 미사일 자체에 일종의 눈이나 귀가 달려 있어 알아서 표적을 향해 날아가는 방식이다.

① 탄도미사일은 표적에 중력의 힘으로 떨어지기 때문에 속도가 빨라 요격이 매우 어렵다.
② 북한은 아직 장거리 탄도미사일의 대기권 재진입 기술을 확보하지 못한 것으로 확인됐다.
③ 순항미사일은 비행 거리를 늘리기 위해 몇 십 미터의 고도로 날아간다.
④ 대륙간탄도미사일은 대륙 사이의 긴 거리를 비행해야 하므로 사정거리 12,000km 이상인 것을 말한다.
⑤ 장거리 탄도미사일의 경우 수천 도의 고온이 발생하기 때문에 유도 기능을 포기하기도 한다.

40 다음 제시된 입체도형 중 나머지 넷과 다른 하나는?

①    ②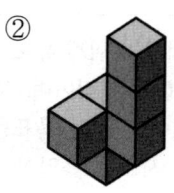

③ 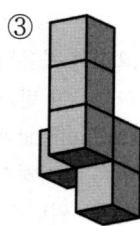   ④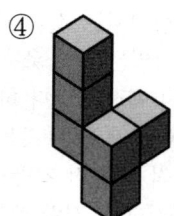

⑤

현대자동차

생산직 필기시험

현대자동차

생산직 필기시험 봉투모의고사

정답 및 해설

제1회 모의고사

01. ③	02. ①	03. ④	04. ⑤	05. ①
06. ①	07. ①	08. ④	09. ③	10. ①
11. ④	12. ⑤	13. ①	14. ③	15. ⑤
16. ⑤	17. ①	18. ③	19. ②	20. ⑤
21. ⑤	22. ④	23. ②	24. ③	25. ②
26. ⑤	27. ③	28. ①	29. ⑤	30. ④
31. ②	32. ④	33. ⑤	34. ④	35. ④
36. ③	37. ⑤	38. ②	39. ①	40. ②

01 ▶ ③

call it a day : 일을 마치다(일이나 활동을 끝내고 마무리하자는 의미)

03 ▶ ④

각 자릿수의 합이 다음 수이므로 8 + 4 + 5 + 9 = 26, 2 + 6 = 8이다.

05 ▶ ①

A종족은 모두 가장 큰 B종족보다 크다. (A > B)
일부의 C종족은 가장 큰 B종족보다 작다. (some C < B)
B종족은 모두 가장 큰 D종족보다 크다. (B > D)
따라서 A > B > some C이다.

06 ▶ ①

제시문은 허벅지 근육이 많을수록 수술 이후 발생하는 혈류 순환 저하로 발생하는 혈전증을 예방할 수 있으며, 비만과 당뇨병 악화를 예방하고 뇌세포를 활성화시켜 줄 수 있다는 사실을 전달하고 있다. 따라서 글의 제목을 '허벅지 근육량과 건강의 상관관계'로 보는 것이 가장 적절하다.

07 ▶ ①

① 글리세린은 반영구 부동액이다.

08 ▶ ④

$1m^2 = 0.000001km^2$이므로 $62m^2 = 0.000062km^2$

09 ▶ ③

③ improve 향상시키다
① create 창조하다
② calm 침착한
④ notify 공지하다
⑤ hesitate 망설이다

10 ▶ ①

② 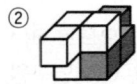   ③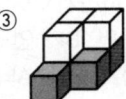

④ 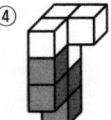   ⑤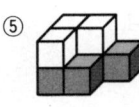

11 ▶ ④

차량속도(km/h) = $\dfrac{주행거리(km)}{시간(h)}$

주행거리 = 타이어 원주(km) × 차륜속도(rpm)
이를 구하면
$2\pi R \times rpm = 2 \times 3.14 \times 0.4 \times 600 = 1507.2 = 1.5072(km)$

차량속도 = $\dfrac{1.5072km}{\dfrac{1}{60}h}$ = 60 × 1.5072 ≒ 90(km/h)

12 ▶ ⑤

⑤ 앉히면 → 안치면

13 ▶ ①

$P = IV$
$I = \dfrac{P}{V} = \dfrac{60W + 60W}{12V} = 10(A)$

따라서 가장 적합한 퓨즈의 용량은 10A이다.

14 ▶ ③

제시된 문장은 '면접 전에 이 양식을 작성해주세요'의 의미이다.
fill out a form : 양식을 작성하다.

16 ▶ ⑤

①, ②, ③, ④는 유의어 관계이다.
⑤는 반의어 관계이다.
심야(深夜) : 깊은 밤, 백주(白晝) : 대낮

17 ▶ ①

A와 D가 만나지 않았고, D는 기자와 만났으므로 A와 D는 기자가 아니다. 또한, B가 연구원과 기자를 만났으므로 B도 기자가 아니다. 따라서 기자는 C다.
연구원을 찾아보면, B가 연구원과 기자를 만났으므로 B는 연구원이 아니다. 따라서 A나 D가 연구원인데, C가 연구원과 만나지 않았고, D는 기자인 C와 만났으므로 A가 연구원임을 알 수 있다.

18 ▶ ③

③ 2025년 10월 G자동차의 매출액은 138억 원이고 이는 전월 대비 50% 증가한 값이므로 9월 G자동차의 매출액은 $\frac{138}{1.5} = 92$(억 원)이다.
① E자동차의 2025년 9월 매출액이 110억 원이라면, 전월 대비 매출액이 40% 증가했으므로, (가)에 들어갈 값은 $110 \times 1.4 = 154$이다.
② 10월 매출액이 가장 큰 상위 2개 A, B 자동차의 시장점유율은 $34.3 + 33.0 = 67.3$(%)이다.
④ 시장점유율과 10월 매출액을 이용하여 구할 수 있다. 숫자가 제일 작은 J자동차의 10월 매출액을 이용하면, $\frac{10월\ 매출액}{시장점유율} \times 100 = \frac{27}{0.8} \times 100 = 3{,}375$(억 원)이다.
⑤ 전월 대비 매출액 증가율이 가장 큰 자동차는 I자동차이고 2025년 9월 매출액은 12억 원이다. 이는 2025년 10월 매출액이 가장 적은 자동차의 매출액인 27억 원보다 적다.

20 ▶ ⑤

전기자동차 주행 모드에서 감속(회생제동) 발생하는 방식은 '모터(스테이터 코일) → EPCU(MCU → 인버터) → 고전압 정션 박스 → PRA → 고전압 배터리'이다.

21 ▶ ⑤

점 세 개를 선택하는 경우의 수는 순서에 상관없이 8개 중 3개를 선택하는 것과 같다.
따라서 $_8C_3 = \frac{8 \times 7 \times 6}{3 \times 2 \times 1} = 56$(개)이다.

23 ▶ ②

② 클러치 – clutch

24 ▶ ③

$1 + (1+2) + (1+2+3) + (1+2+3+4) = 1 + 3 + 6 + 10 = 20$(개)

25 ▶ ②

$144 \times \frac{3}{12} - 121 \div 11 = 36 - 11 = 25$

① $\frac{7}{3} \times \frac{9}{14} + \frac{3}{7} \times 21 = 10.5$

② $\left(0.5 \times 5 + \frac{25}{10}\right) \times 5 = 25$

③ $\frac{25}{3} \div \frac{1}{6} - 15 = 35$

④ $\frac{9}{16} + \frac{5}{4} \times 3 - \frac{3}{4} = 3.5625$

⑤ $20.5 - \frac{5}{2} \div 10 = 20.25$

26 ▶ ⑤

⑤ 마지막 명제의 대우명제이므로 항상 참이다.

27 ▶ ③

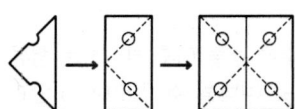

28 ▶ ①

조향기어비(N) = $\frac{핸들\ 회전각}{퍼트먼암\ 회전각}$

$\frac{360°}{60°} = 6$

따라서 조향기어비는 6:1이다.

29 ▶ ⑤

제시문에 따르면 인공위성이 촬영한 사진보다 고품질인 것은 언급하고 있으나 사각지대에 관한 내용은 언급하고 있지 않다.

30 ▶ ④

① 전기적 점화장치가 없어 고장 요소가 가솔린 엔진보다 적다.
② 배기가스 배출이 가솔린보다 적다.
③ 마력당 중량이 크고, 진동과 소음이 크다.
⑤ 회전속도가 가솔린보다 적고, 제작비가 비싸다.

32 ▶ ④

④ huge − tiny: 거대한 − 아주 작은 (반의관계)
① destroy − ruin : 파괴하다 − 파괴하다 (유의관계)
② benefit − bonus : 혜택 − 보너스 (유의관계)
③ commerce − business : 상업 − 상업 (유의관계)
⑤ spirit − soul : 기분, 정신 − 마음, 정신 (유의관계)

33 ▶ ⑤

⑤ 대동법의 시행으로 재정권이 중앙으로 집중되고 농민 부담이 감소하였다.

34 ▶ ④

살 때의 가격을 x원이라 하면 팔 때의 가격은
$x \times 1.3 \times 0.5 = 0.65x$
손해는 $x - 0.65x = 0.35x = 21,700$(원)이므로
∴ $x = 62,000$
따라서 A코인을 살 때의 가격은 62,000원이다.

36 ▶ ③

③ 기체의 비중은 공기보다 1.5~2.0배 무겁다.

37 ▶ ⑤

흰 큰 원의 외부와 내부의 검은 원은 숫자를 의미한다고 보면 된다. 위치는 무관하며 흰 원 내부에 검은 원이 있을 경우에는 개수만큼 마이너스되고 흰 원 외부에 검은 원이 있을 경우에는 개수만큼 플러스된다. 각 행별로 첫 번째와 두 번째 도형의 숫자 값을 계산하여 세 번째 도형에 표현했다고 여기면 된다.
첫 번째 행은 −1 − 1 = −2, 두 번째 행은 −1 + 3 = 2이다. 따라서 세 번째 행은 −1 + 1 = 0이므로 검은 원이 없는 ⑤가 답이 된다.

38 ▶ ②

제시된 문장의 '취할'에서 '취하다'는 '어떤 행동을 하거나 자세를 보이다'라는 의미로 쓰였으며, 이와 같은 의미로 쓰인 것은 ②이다.
① 자기 것으로 만들어 가지다.
③ 무엇에 열중하여 황홀해지다.
④ 어떤 특정한 자세를 하다.
⑤ 먹은 술이나 약기운이 온몸에 퍼지다.

39 ▶ ①

A : 교수님, 이번 중간고사에 대한 질문이 있습니다.
B : 미안해요. 5분 후에 회의가 있어요.
A : 약속을 잡을 수 있을까요?
B : 오후 3시 어떤가요?

① 오후 3시 어떤가요?
② 나는 시험이 더 쉬웠다고 생각해요.
③ 나는 이해를 못하겠어요.
④ 우리 만나기 전에 공부할 수 있어요?
⑤ 시험은 내일이에요.

40 ▶ ②

㉠의 정보에 따르면 A는 호주이고 C는 아이슬란드임을 알 수 있다.
㉡의 정보에 따르면 캐나다와 네덜란드는 각각 B와 D 중 하나임을 알 수 있다.
㉢의 정보에 따르면 B는 캐나다이고 D는 네덜란드이다.
따라서 A는 호주, B는 캐나다, C는 아이슬란드, D는 네덜란드이다.

제2회 모의고사

01. ⑤	02. ①	03. ①	04. ①	05. ②
06. ①	07. ②	08. ③	09. ⑤	10. ⑤
11. ④	12. ②	13. ②	14. ③	15. ④
16. ③	17. ⑤	18. ③	19. ④	20. ①
21. ①	22. ⑤	23. ②	24. ②	25. ④
26. ②	27. ②	28. ⑤	29. ①	30. ②
31. ⑤	32. ③	33. ③	34. ③	35. ②
36. ②	37. ②	38. ④	39. ⑤	40. ②

01 ▶ ⑤
스피링을 병렬로 연결할 경우 합성상수는 $k = k_1 + k_2$이다.
따라서 전체 스프링상수는 0.3 + 0.6 = 0.9(kgf/mm)이다.

02 ▶ ①
① 실린더 블록 - cylinder block

03 ▶ ①
두 자연수 중 큰 수를 x, 작은 수를 y라 하면
$\begin{cases} 0.4x - 0.2y = 16 \\ 0.7x + 0.5y = 62 \end{cases}$
∴ $x = 60$, $y = 40$
따라서 두 자연수 중 작은 수는 40이다.

05 ▶ ②
축구를 좋아하면 달리기를 잘하고, 달리기를 잘하면 야구도 잘한다.
민규는 축구를 좋아하므로 달리기와 야구를 잘한다.
따라서 밑줄 친 부분에는 ②가 들어가야 한다.

06 ▶ ①

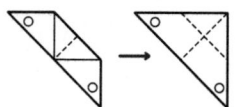

07 ▶ ②
지레에서 $F : w = a : b = h : s$이다.
$a = 1m$, $b = 3m$, $w = 450N$이므로,
$F : 450N = 1m : 3m$를 풀면 $F = 150N$이 된다.

08 ▶ ③
③ 도시 인프라의 새로운 확충이 아닌 기존 인프라의 효율적 활용을 통해 저비용으로 도시문제를 해결하는 접근방식이 주목됨에 따라 스마트시티 조성을 추진하게 된 것이다.

09 ▶ ⑤
tend to ~ : ~하는 경향이 있다.

10 ▶ ⑤
스프링 핀은 탄성을 이용하여 물체를 고정하는 데 사용하고, 해머 등으로 때려 박을 수 있다.

11 ▶ ④

12 ▶ ②
+ 0.1, + 1.2, + 2.3, + 3.4의 규칙으로 나열된다.
따라서 17.6 + 6.7 = 24.3이다.

14 ▶ ③
은주가 1시간 동안 할 수 있는 일의 양 : $\frac{1}{6}$

승관이 1시간 동안 할 수 있는 일의 양 : $\frac{1}{4}$

은주와 승관이 2시간 동안 같이 한 일과 은주가 혼자 x시간 한 일을 정리하면
$\left(\frac{1}{6} + \frac{1}{4}\right) \times \frac{4}{5} \times 2 + \frac{1}{6} \times x = 1$

∴ $x=2$
따라서 은주는 혼자서 2시간 동안 일을 해야 한다.

15 ▶ ④

④ mandatory 의무적인
① specific 명확한, 특정한
② temporary 일시적인, 임시의
③ primary 주요한
⑤ produce 생산하다

17 ▶ ⑤

제시된 문장의 '세게'에서 '세다'는 '힘이 많다'의 의미를 가지고 있으며, 같은 의미로 쓰인 문장은 ⑤이다.
① 능력이나 수준 따위의 정도가 높거나 심하다.
② 행동하거나 밀고 가는 기세 따위가 강하다.
③ 물, 불, 바람 따위의 기세가 크거나 빠르다.
④ 운수나 터 따위가 나쁘다. 궂은 일이 자주 일어나 좋지 않다.

18 ▶ ③

초등학생의 시간당 사교육비는 다음과 같다.
$\frac{\text{학생 1인당 월평균 사교육비}}{\text{주당 사교육 참여시간}\times 4} = \frac{245,000}{8.2 \times 4} ≒ 7469.5(원)$
이고, 원 단위 미만을 버림하면 7,469원이다.

19 ▶ ④

스프링 아래 무게 진동의 종류는 다음과 같다.
• 휠 홉: Z축 방향의 상하로 평행운동하는 고유진동을 말한다.
• 와인드업: Y축 둘레의 회전진동을 말한다.
• 조: Z축 둘레의 회전진동을 말한다.
• 휠 트램프: X축을 중심으로 회전운동하는 것을 말한다.

21 ▶ ①

① 운전 중 접촉을 분리하지 않고 마찰차를 이동시킨다.

23 ▶ ②

A는 C보다 무겁다. (A > C)
A와 D의 무게의 합은 B보다 가볍다. (A < B, D < B)
A와 C의 무게의 합은 D보다 가볍다. (A < D, C < D)
이를 무게 순서대로 나타내면 다음과 같다.
B > D > A > C

24 ▶ ②

② 빈털털이 → 빈털터리

25 ▶ ④

④ initiate – 시작하다

26 ▶ ②

② 2018~2025년 일반 고등학교의 학생 수 비중은 다음과 같다.
2018년: $\frac{52.7}{62.9} \times 100 ≒ 83.8(\%)$
2019년: $\frac{50.9}{61.8} \times 100 ≒ 82.4(\%)$
2020년: $\frac{51.1}{63.9} \times 100 ≒ 80.0(\%)$
2021년: $\frac{51.8}{64.0} \times 100 ≒ 80.9(\%)$
2022년: $\frac{51.4}{64.1} \times 100 ≒ 80.2(\%)$
2023년: $\frac{50.9}{62.1} \times 100 ≒ 82.0(\%)$
2024년: $\frac{51.2}{61.9} \times 100 ≒ 82.7(\%)$
2025년: $\frac{51.9}{62.2} \times 100 ≒ 83.4(\%)$

따라서 일반 고등학교 학생 수의 비중이 가장 높은 해는 2018년이다.
③ 전체 고등학생 수가 가장 많았던 해는 2022년이고, 자율 고등학교 학생 수도 4.4만 명으로 가장 많다.
④ 특수목적 고등학교의 평균 학생 수는
$\frac{1.9+2.4+2.8+2.3+2.4+2.2+2.1+2.0}{8} =$
2.2625(만 명)으로 약 2만 2천 600명의 학생 수를 유지하고 있다.
⑤ 특성화 고등학교 학생 수가 자율 고등학교 학생 수의 2배 이하인 해는 2020년, 2021년, 2022년이다.

27 ▶ ②

①  ③

④  ⑤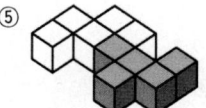

28 ▶ ⑤

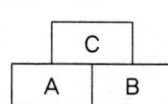

라고 할 때 B는 C÷A의 나머지이다.
111÷3=37이므로 빈칸에 알맞은 수는 0이다.

30 ▶ ②
① 현대인이 추구하는 공동체는 전통적 의미의 공동체의 경계를 넘어 공동의 목적과 이념을 추구하는 새로운 형태라 하였다.
③ 코뮌은 자연 발생적 공동체가 아닌 의도적 공동체라고 하였다. 코뮌 참여자들은 애초부터 어떤 이념 가치 아래 자발적으로 공동의 생활을 영위한다.
④ 코뮌의 경우는 생활의 대부분을 긴밀하게 공유하므로 지역성과 이념성이 모두 높은 반면, 협동조합은 참여자들의 삶의 터전이 밀접해 있을 수도, 아닐 수도 있다는 점에서 코뮌보다 지역성과 이념성이 낮은 공동체 집단이라고 할 수 있다.
⑤ 공동체 운동은 가치관이나 삶의 태도가 이질적인 구성원들을 대상으로 사회 문화적 동질화를 이루어 개인주의나 집단적 이기주의에서 벗어나게 하려는 것이다. 따라서 개인보다 집단의 가치를 중시한다는 설명은 적절하지 않다.

31 ▶ ⑤
195/65R14 85H
195 : 타이어의 단면폭
65 : 편평비
R : 레이디얼 구조
14 : 타이어의 휠 직경(인치)
85 : 타이어의 하중지수
H : 타이어의 속도기호

32 ▶ ③

| A : 영어 숙제 끝냈어? |
| B : 무슨 숙제? |
| A : 우리 숙제 제출해야 하잖아. |
| B : 오, 깜빡했어. 언제까지 해야 하는데? |
| A : 다음 주 월요일. |

① 편한 요일이 언제야?
② 나가는 게 어때?
③ 언제까지 해야 하는데?
④ 몇 시에 만날까?
⑤ 내일은 무슨 요일이지?

33 ▶ ③
블록의 겉넓이는 다음 식으로 구할 수 있다.
{정면에서 본 넓이 + 위에서 본 넓이 + 오른쪽(또는 왼쪽)에서 본 넓이)} × 2
앞에서 본 넓이 : 9
오른쪽에서 본 넓이 : 10
위에서 본 넓이 : 9
따라서 겉넓이는 (9 + 10 + 9) × 2 = 56이다.

34 ▶ ③
병렬의 전체 저항 $R = \dfrac{1}{\dfrac{1}{R_1}+\dfrac{1}{R_2}} = \dfrac{1}{\dfrac{1}{6}+\dfrac{1}{4}} = 2.4(\Omega)$

$I = \dfrac{V}{R}$ 에서 $I = \dfrac{12V}{2.4\Omega} = 5(A)$

$P = IV$ 이므로 $5A \times 12V = 60(W)$

35 ▶ ②
①, ③, ④, ⑤는 모두 동의어 관계이다.
② 은혜와 원한은 반의어 관계이다.

36 ▶ ②
$A = 13^2 - \dfrac{3}{4} \times \dfrac{8}{3} = 167$
$B = (16^2 - 12^2) \div \dfrac{4}{7} = 196$
$C = \sqrt{225} \div 5 + 13^2 = 172$

37 ▶ ②
② 군집현상의 분리성, 정렬성, 결합성은 2007년 펠리페 쿠커와 스티븐 스메일에 의해 수학적으로 증명되었다.

39 ▶ ⑤
지도자 : 팀 = ( ) : 오케스트라
⑤ conductor : 지휘자
① 트레이너
② 바이올린 연주자
③ 작곡가
④ 음악가

40 ▶ ②
부산 선호 → 경주 선호
경주 비선호 → 제주 선호
20대 → 경주 비선호
부산 비선호 → 여성 아님
정리하면
여성 → 부산 선호 → 경주 선호 → 20대 아님
20대 → 경주 비선호 → 제주 선호
따라서 옳은 것은 ②이다.

제3회 모의고사

01. ②	02. ②	03. ②	04. ③	05. ⑤
06. ③	07. ④	08. ⑤	09. ①	10. ②
11. ⑤	12. ⑤	13. ③	14. ②	15. ②
16. ④	17. ④	18. ③	19. ④	20. ①
21. ⑤	22. ④	23. ①	24. ①	25. ④
26. ⑤	27. ④	28. ⑤	29. ⑤	30. ①
31. ③	32. ⑤	33. ①	34. ④	35. ①
36. ②	37. ④	38. ⑤	39. ②	40. ⑤

01 ▶ ②

타이어 편평비 = $\dfrac{\text{타이어 높이}}{\text{타이어 단면폭}}$ 이므로

$\dfrac{120}{240} = 0.5$

02 ▶ ②

블록의 겉넓이는 다음 공식으로 구할 수 있다.
{정면(또는 뒤)에서 본 넓이 + 위(또는 아래)에서 본 넓이 + 오른쪽(또는 왼쪽)에서 본 넓이}×2
(5 + 5 + 4)×2 − 5 = 23
(밑면 넓이는 −5를 한다.)

03 ▶ ②

too~to : 너무 ~해서 ~할 수 없다

04 ▶ ③

하중과 처짐과의 관계는 $\delta = \dfrac{W}{k}$ 이다.
(W : 스프링 하중, k : 스프링 상수, δ : 스프링 처짐량)
$k = k_1 + k_2 = 10 + 40 = 50(\text{N/cm})$
$\delta = \dfrac{100}{50} = 2(\text{cm})$

05 ▶ ⑤

두 번째 조건에 의해 C는 4등이며, 첫 번째와 세 번째 조건에 의해 1등, 2등, 3등은 D-A-B의 순서가 된다. 따라서 E는 5등이다.

06 ▶ ③

```
    4 [2] 7
+ 3 [2] 8 [6]
─────────────
  3 7 1 3
```

2 + 2 + 6 = 10

07 ▶ ④

④ 부력은 밀도가 매우 작은 물체가 낙하할 경우에 낙하 속도에 큰 영향을 미친다고 하였으므로, 큰 물체보다는 작은 물체의 낙하에 더 많은 영향을 미칠 것으로 보는 것이 적절하다.
① 부력은 항상 중력의 반대 방향으로 작용한다고 하였다.
② 항력과 부력의 합이 중력의 크기와 같아지게 되면 물체의 가속도가 0이 되므로 속도가 일정해진다고 하였다.
③ 물체가 유체 내에서 정지해 있을 때와는 달리, 운동하는 경우에 저항하는 힘인 항력이 발생한다고 하였으므로, 정지해 있을 때는 항력이 가해지지 않는다고 할 수 있다.
⑤ 스카이다이버와 같이 큰 물체가 떨어질 경우에는 압력 항력이 매우 크므로 마찰 항력이 전체 항력에 기여하는 비중은 무시할 만하다고 하였다.

08 ▶ ⑤

'추의 위치 에너지 = 말뚝이 이동한 일'이다.
9.8N × 30kg × 8m = 마찰력 × 0.5m
∴ 마찰력 = 4704(N)

09 ▶ ①

permanent : 영구적인
① temporary는 '일시적인'의 의미로 permanent와 반대되는 의미를 가진다.
② capital : 주요한, 으뜸의
③ durable : 오래 가는
④ essential : 필수적인, 아주 중요한
⑤ additional : 추가의

11 ▶ ⑤
⑤ 개발새발, 괴발개발 다 맞춤법에 맞는 표현이다.
① 들렸다 → 들렀다
② 바램 → 바람
③ 벌렸다 → 벌였다
④ 윗어른 → 웃어른

12 ▶ ⑤
$I = \dfrac{V}{R}$
옴의 법칙을 이용하면 총 저항은 다음과 같다.
$R = R_1 + R_2 + R_3 + R_4 = 3 + 6 + 9 + 12 = 30(\Omega)$
$I = \dfrac{30V}{30\Omega} = 1(A)$

13 ▶ ③
A →(+2) C →(+1) D →(+2) F →(+1) G →(+2) I →(+1) (J)

15 ▶ ②
② infinite − limited : 무한한 − 한정된 (반의관계)
① monetary − financial : 금전적인 − 재정상의 (유의관계)
③ classic − typical : 전형적인 − 전형적인 (유의관계)
④ exotic − foreign : 외래의 − 외국의 (유의관계)
⑤ reject − deny : 거절하다 − 부인하다 (유의관계)

16 ▶ ④
제시된 문장의 '나가게'에서 '나가다'는 '모임에 참여하거나, 운동 경기에 출전하거나, 선거 따위에 입후보하다'의 의미이다. 이와 동일한 의미로 해당 단어를 사용한 문장은 ④이다.
① 사실, 소문 따위가 널리 알려지다.
② 살던 집이나 직장에서 옮기거나 물러나다.
③ 월급, 비용 따위가 지급되다.
⑤ 어떤 행동이나 태도를 취하다.

18 ▶ ③
① 정전류 충전 방법이다.
② 급속 충전법이다.
④ 단계 전류 충전 방법이다.

19 ▶ ④
① $206^2 = 42436$
② $\dfrac{53318}{5341} \fallingdotseq 9.98$
③ $455^2 \div 5 = 41405$
④ $53318 - 5341 = 47977$
⑤ $155^2 + 55^2 = 27050$

21 ▶ ⑤
학생의 수를 a라고 하면,
볼펜을 4개씩 나누어 줄 때는 $4a > 70$, $a > 17.5$이고 3개씩 나누어 줄 때는 $3a \leq 70$, $a \leq 23.3 \cdots\cdots$이다.
두 식의 공통 범위를 찾으면 $17.5 < a \leq 23.3$이므로, 학생은 최대 23명이고 나누어 줄 수 있는 볼펜의 최대 개수는 $23 \times 3 = 69$(개)이다.

22 ▶ ②
블록의 개수
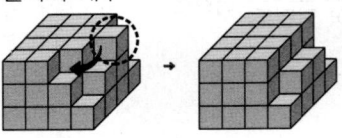
4개 × 10줄 + 2개 = 42개

23 ▶ ①
2018년도의 사업장 재해 발생 건수 대비 요양 근로손실 일수는 $\dfrac{807}{108}$(천 일)이며, 2023년도의 사업장 재해 발생 건수 대비 요양 근로손실 일수는 $\dfrac{640}{72}$(천 일)이다.
둘을 비교하면 $\dfrac{807}{108} : \dfrac{640}{72} = \dfrac{807}{3} : \dfrac{640}{2} = 269 : 320$
따라서 2018년과 2023년의 사업장 재해 발생 건수 대비 요양 근로손실 일수의 비는 269:320이다.

24 ▶ ①
① 2021년도의 사업장 재해 발생 건수는 전년 대비 $\dfrac{86-65}{86} \times 100 \fallingdotseq 24.4(\%)$ 감소하였다.
② 근로손실 일수가 가장 적은 해는 2021년이고, 가장 많은 해는 2016년으로 사업장 재해 발생 건수는 $\dfrac{138}{65} \fallingdotseq 2.1$(배)로 2배 이상의 차이를 보인다.
③ 사업장 재해 발생 건수가 동일한 두 해는 2022년과 2025년이며, 두 해의 요양 근로손실 일수는 각각 933(천 일), 447(천 일)이므로, 그 차는 $933,000 - 447,000 = 486,000$(일)이다.
④ 자료를 봤을 때, 두 수치 사이에 상관관계는 없다.

⑤ 전년 대비 사업장 재해 발생 건수는 다음과 같다.
(감소한 해만 계산)
2017년 : 115 - 138 = -23(건)
2018년 : 108 - 115 = -7(건)
2020년 : 86 - 121 = -35(건)
2021년 : 65 - 86 = -21(건)
2023년 : 72 - 105 = -33(건)
2025년 : 105 - 111 = -6(건)
따라서 사업장 재해 발생 건수가 전년 대비 세 번째로 가장 많이 감소한 해는 2017년이다.

25 ▶ ④
①, ②, ③, ⑤는 반의어 관계이다.
④는 유의어 관계이다.

26 ▶ ⑤
⑤ genuine 진짜의
① donation 기부
② evolution 진화
③ potential 잠재력
④ outcome 성과, 결과

27 ▶ ④
우측과 같은 형태가 되어야 한다.

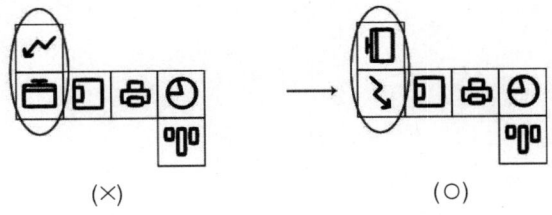 →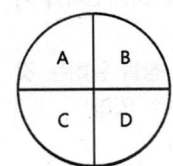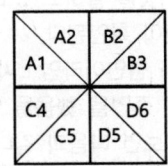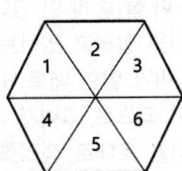

(×)   (○)

28 ▶ ⑤
⑤ 흡기 밸브 간극이 작을 경우 역화나 실화 현상이 발생한다.

29 ▶ ⑤
음악을 좋아하면 공부를 잘하고, 공부를 잘하면 체육도 잘한다. 따라서 음악을 좋아하면 공부와 체육 모두 잘한다. 정우는 음악을 좋아한다고 했으므로 공부와 체육 모두 잘한다.

30 ▶ ①
① 반도체는 극히 소형화가 가능하고 내부의 전력손실이 적다.

31 ▶ ③
admire와 respect는 '존경하다'라는 같은 뜻을 가지는 단어이므로, 동의어 관계이다.
precise는 '정확한'의 의미로, 이와 같은 뜻을 가지는 단어는 ③이다.
① 무례한
② 깔끔한
④ 가까운
⑤ 모호한

32 ▶ ⑤
제시문은 수입산 원료로 우리 술을 만드는 현실을 개탄하면서, 국내산 원료로 우리 술을 만드는 양조장이 많아질 수 있도록 정부가 각종 정책으로 지원해 줄 것을 주장하고 있다. 이와 부합하는 것은 ⑤이다.

34 ▶ ④
맞힌 문제를 x개라 하면 틀린 문제는 $(18-x)$개다.
$50 + 4x - (18-x) = 5x + 32 = 87$
$\therefore x = 11$
따라서 18개 중 11개의 정답을 맞혔다.

35 ▶ ①
가운데 도형의 내부도형 모양과 음영은 아래의 규칙에 따른다.

음영의 위치는 A, B, C, D에 따르고, 도형 모양은 1~6에 따른다. 이에 해당하는 것은 ①이다.

36 ▶ ②
② '다이나모 이론'은 지구 내부의 '철의 바다'로 이루어진 외핵이 지구 자전으로 전류를 만들면서 지구 자기장을 생성한다는 내용이다. 지구 자전과 관련된 이론이다.

37 ▶ ④

> A: 퇴근 후에 영화 보러 갈래?
> B: 좋아. 무슨 영화 볼래?
> A: 지난주에 공포영화가 새로 개봉했다던데.
> B: 좋아!

영화를 보자는 제안에 좋다고 대답했고, 그 다음 A가 공포영화에 대해 답변했으므로, 어떤 영화를 보고 싶은지 묻는 말이 들어가는 것이 가장 적절하다.
① 블록버스터 영화일거야.
② 넌 어때?
③ 무슨 일 있어?
④ 뭘 보고 싶어?
⑤ 여가 시간에 뭐 하는 걸 좋아해?

38 ▶ ⑤

캐스터는 자동차를 옆에서 보았을 때 노면 수직선과 조향축의 중심선이 이루는 각이다.

40 ▶ ⑤

먼저 증언이 모순되는 G씨와 H씨 둘 중의 한 명은 거짓을 말하고 있는 것이 확실하다. 그리고 증언이 일치하는 J씨와 M씨는 둘 다 사실을 말하고 있거나 거짓을 말하고 있는 것이다.
그러나 5명 중 두 사람만 거짓을 말하고 있으므로 J씨와 M씨는 모두 참을 말하고 있음을 알 수 있다. 그렇다면 G씨와 H씨 둘 중의 한 명이 거짓을 말하고 있고, 나머지 L씨가 거짓을 말하고 있다는 것이 확인된다.
G씨가 말한 대로 H씨가 범인이라면 L씨는 참을 말하는 것이 되므로, G씨가 거짓 증언을 했음을 알 수 있다.
이를 토대로 정리를 해보면 다음과 같다.

구분	G씨	H씨	J씨	L씨	M씨
증언	거짓	참	참	거짓	참
사실	H는 범인 아님	-	범인 아님	M이 범인	-

제4회 모의고사

01. ②	02. ①	03. ①	04. ③	05. ①
06. ②	07. ③	08. ①	09. ③	10. ⑤
11. ②	12. ④	13. ②	14. ⑤	15. ③
16. ③	17. ③	18. ③	19. ⑤	20. ③
21. ②	22. ②	23. ④	24. ⑤	25. ②
26. ②	27. ③	28. ②	29. ④	30. ⑤
31. ②	32. ③	33. ③	34. ②	35. ②
36. ②	37. ③	38. ①	39. ②	40. ①

01 ▶ ②
전기자동차는 변속기가 필요하지 않다.

02 ▶ ①
$3 \times 3 + 5 (\times) 2 - 3 \div \frac{1}{4} (+) 2 \times 3 = 13$

03 ▶ ①
① reference 참고, 참조
② therapy 치료, 요법
③ transfer 이전하다, 옮기다
④ medicine 의학, 의술
⑤ genetic 유전의

05 ▶ ①
병이 을의 어머니이고, 을이 정에게 외할머니라고 부르므로, 을의 어머니인 병은 정의 딸이다. 따라서 A의 진술은 참이다. 갑은 을과 사촌지간인데, 을의 어머니가 병이므로, 갑은 병의 조카가 된다. 따라서 B의 진술은 거짓이다.

06 ▶ ②
② 호두의 껍데기를 제거하면 산패가 빠르게 진행된다고 하였다. 따라서 산패를 막기 위해 껍데기가 제거되지 않은 것을 사는 것이 좋다.

07 ▶ ③
힘의 비가 5 : 10이므로, 받침점에서의 거리의 비는 1 : 5가 된다. 1.2m를 1 : 5의 비율로 나누면 작용점까지의 거리는 20cm가 된다.

08 ▶ ①
피보나치 수열로 앞의 두 항을 더한 수가 다음 항에 위치한다.
1 → 2 → 3 → 5 → 8 → 13
   1+2 2+3 3+5 5+8
→ 21 → 34 → 55 → (89)
8+13 13+21 21+34 34+55

09 ▶ ③
combine 결합하다
③ divide는 '나누다, 쪼개다'의 의미로 combine과 반대되는 의미를 가진다.
① associate, ④ blend는 '결합하다, 혼합하다'의 의미로 combine과 그 의미가 비슷한 단어이다.
② explain 설명하다
⑤ comprehend 이해하다

10 ▶ ⑤
우측과 같은 형태가 되어야 한다.

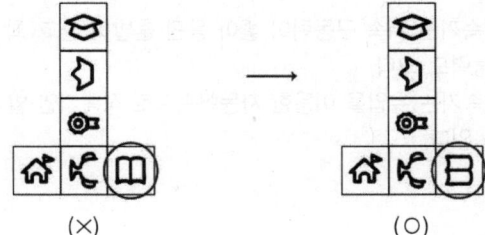

12 ▶ ④
어떤 회사원이 자동차로 출퇴근한다는 것은 자동차로 출퇴근하는 회사원이 존재한다는 것이므로 모든 회사원이 야간 근무를 한다면 자동차로 출퇴근하면서 야간 근무를 하는 어떤 회사원이 반드시 존재하게 된다. 따라서 '모든 회사원은 야간 근무를 한다.'가 타당한 전제이다.

13 ▶ ②

하이포이드 기어이다. 하이포이드 기어는 중심이 낮아 주행 안전성 및 거주성이 우수하고, 이면의 접촉 면적 증가로 강도를 향상시킬 수 있다. 그러나 접촉 압력이 높아 극압성 윤활유가 필요하고, 가공이 어렵다.

14 ▶ ⑤

⑤ occupation — job : 직업 — 직업 (유의관계)
① arrest — releas : 체포하다 — 풀어놓다 (반의관계)
② finally — initially : 최종적으로 — 처음에 (반의관계)
③ upcoming — later : 다가오는 — 더 늦은 (반의관계)
④ income — loss : 수입 — 손실 (반의관계)

15 ▶ ③

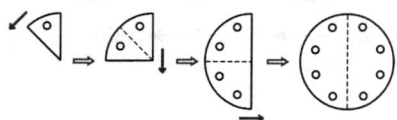

16 ▶ ③

$(x◆y) = xy + 2y^2$, $(y◆x) = yx + 2x^2$ 이므로
$(x◆y) - (y◆x) = xy + 2y^2 - (yx + 2x^2) = 2y^2 - 2x^2$
이다.

17 ▶ ③

① 자동변속기는 클러치 조작 없이 자동 출발이 되어 운전자의 피로가 적다.
② 자동변속기는 구조가 복잡하여 정비성이 저하되고 가격이 비싸다.
④ 자동변속기는 저속 구동력이 좋아 등판 출발이 좋고 최대 등판 능력도 크다.
⑤ 자동변속기는 유압을 이용한 자동변속으로 작동지연 발생 우려가 있다.

18 ▶ ③

성리학/주자학, 문화/문명, 확대/증대의 3개가 다른 부분이다.

19 ▶ ⑤

5명 학생의 최종 점수는 다음과 같다.

구분	국어	수학	영어	평균점수 + 가산점
노현이	88점	92점	88점	89.3점
김지선	90점	94점	80점	88 × 1.05 = 92.4점
김태섭	75점	68점	97점	80점
박원빈	97점	97점	100점	98점
이창섭	100점	56점	78점	78점

평균 90점 미만인 학생은 노현이, 김지선, 김태섭, 이창섭이며, 각 과목에서 80점 이상을 획득하지 못한 학생은 김태섭, 이창섭이다. 여기서 과학탐구 만점을 받아 5% 가산을 받은 김지선은 최종점수 88 + 4.4 = 92.4(점)을 획득하여 평균 점수 90점을 넘게 된다.
따라서 최종적으로 생물 경시대회에 참가할 수 있는 학생은 김지선, 박원빈 두 명이 된다.

20 ▶ ③

③ 솔잎[솔립]

21 ▶ ②

앞 : 3개(가로)×2개(세로)×2개(높이) = 12개
뒤 : 3개
따라서 12개 + 3개 = 15개이다.

22 ▶ ②

A : 시험 때문에 걱정돼.
B : 마음을 편히 가져.

① 난 빈털터리야.
② 마음을 편히 가져.
③ 난 손재주가 없어.
④ 좋은 생각이야.
⑤ 너무 잘됐다.

23 ▶ ④

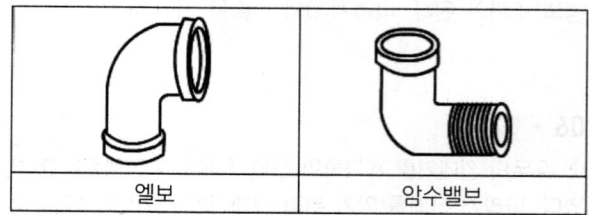

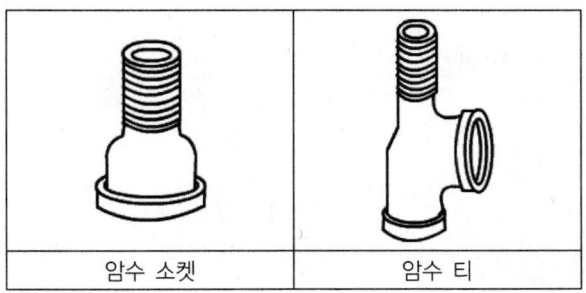

| 암수 소켓 | 암수 티 |

24 ▶ ⑤

⑤ 반갑든지 → 반갑던지
'든지'는 나열된 동작이나 상태, 대상들 중 어느 것이든 선택될 수 있음을 나타낸다.
(예 가든지 오든지 네 마음대로 해라.)
'던지'는 지난 일을 나타내는 어미이다. 막연한 의문이 있는 채로 그것을 뒤 절의 사실이나 판단과 관련시키는 데 쓰인다.

26 ▶ ②

② 경제활동 참가율이 '(취업자 + 실업자) ÷ 15세 이상 인구'이므로 여기서 실업률을 빼면 15세 이상 인구 중에서 취업자가 차지하는 비율이 된다. 2025년 30대 남성의 경우, 94.3 − 2.5 = 91.8(%)이다.
① 2022년의 경우 전체 실업률이 전년도에 비하여 0.1%p 증가하였으나 남자의 경우 0.2%p 감소하였다.
③ 2025년 남자와 여자의 실업률 차이는 10대~20대에서 1.9%p로 가장 크다.
④ 첫 번째 표에서 볼 수 있듯이 여자의 실업률은 2021년 이후로 계속해서 감소하였다.
⑤ 두 번째 표에서 볼 수 있듯이 경제활동 참가율은 40대가 82.1%로 가장 높고, 실업률은 10대~20대가 4.1%로 가장 높다.

27 ▶ ③

A : 희주가 누구야?
B : 오, 걔 호주에 사는 내 사촌이야. 한국에 계시는 조부모님을 뵈러 왔어. 봐! 저기 있네!
A : 누구야? 안경 낀 사람?
B : 아니, 안경 끼고 있지 않아. 모자 쓰고 있는 사람이야.
A : 오, 알겠다. 줄무늬 셔츠를 입고 있는 사람이구나.
B : 응, 맞아.

③ 희주는 안경을 쓰고 있지 않다고 했다.

29 ▶ ④

① 공기압축기의 구동에 엔진의 출력이 소모된다.
② 구조가 복잡하다.
③ 가격이 비싸다.
⑤ 페달을 밟는 양에 따라 제동력이 조절된다.

30 ▶ ⑤

⑤ 보험 가입자가 고지 의무를 위반하게 되면 보험사도 피해를 받게 되지만, 대다수의 선량한 다른 보험 가입자들도 피해를 입는다. 사고 발생 확률이 더 높은 사람이 고지 의무를 위반하고 진입하게 되면, 보험사가 지급하는 보험금의 총액이 증가해 구성원이 납부해야 할 보험료가 인상되기 때문이다. 따라서 고지 의무와 계약 해지권은 보험사의 권리뿐만 아니라 다른 보험 가입자들을 보호하기 위한 법률이다.
① 보험 계약 체결 전 보험 가입자가 고지 의무를 위반하게 된 경우에는, 보험사에서는 보험 사고가 발생하기 이전이나 이후에 상관없이 고지 의무 위반을 이유로 계약을 해지할 수 있고, 이것은 보험사의 일방적인 의사 표시로 가능하다고 하였다.
② 두 번째 문단에 따르면, "공정한 보험에서는 구성원 각자가 납부하는 보험료와 그가 지급받을 보험금에 대한 기댓값이 일치해야 하며 구성원 전체의 보험료 총액과 보험금 총액이 일치해야 한다."고 하였다.
③ 고지 의무에서의 '중요한 사항'은 보험사가 보험 가입자의 청약에 대한 승낙을 결정하거나 차등적인 보험료를 책정하는 근거가 된다.
④ 다섯 번째 문단에서 "고지 의무는 결과적으로 다수의 사람들이 자신의 위험 정도에 상응하는 보험료보다 더 높은 보험료를 납부해야 하거나, 이를 이유로 아예 보험에 가입할 동기를 상실하게 되는 것을 방지한다."고 하였다.

31 ▶ ②

약물 치료를 한 사람은 550명, 그중에 퇴원한 사람의 비율이 70%이므로 550 × 0.7 = 385(명)으로 $x = 385$, $y = 165$이다. 따라서 방사선 치료를 받은 환자 중 퇴원하지 못한 환자는 385 − 165 = 220(명)이다.

33 ▶ ③

풍광과 경치는 자연의 아름다운 모습을 뜻하는 유의어 관계이다.
③ '생뚱맞다'는 '하는 짓이나 말이 앞뒤가 서로 맞지 않고 엉뚱함'을 나타내는 말로, '생뚱맞다'와 '엉뚱하다'는 유의어 관계이다.
①, ②, ④, ⑤는 반의어 관계이다.

34 ▶ ②

합성저항 $R = \dfrac{1}{\frac{1}{4} + \frac{1}{5} + \frac{1}{20}} = 2(\Omega)$

35 ▶ ②
② 정이 가장 높이 뛰었다면, 정은 첫 번째로 줄을 서게 되고, 무는 네 번째에 서게 된다.
다음의 3가지 경우만 가능하다.
정 – 갑 – 병 – 무 – 을
정 – 갑 – 을 – 무 – 병
정 – 을 – 갑 – 무 – 병
① 갑은 2번째 아니면 3번째에 서게 되므로 옳다.
③ 무가 가장 높이 뛰었을 경우 정과 무 사이에 갑이 서게 되므로 옳다.
④ 병이 무 앞에 서는 경우도 있으므로 옳다.
⑤ 조건에 이미 '갑은 병보다 높이 뛰었다'고 제시되어 있으므로, 을이 가장 높이 뛴 경우에도 병은 갑 뒤에 선다.

36 ▶ ②
충주호의 유속을 a라고 하면, 반환점까지 내려갈 때의 속력은 $6+a$, 반환점을 거슬러 출발점까지 올라갈 때의 속력은 $6-a$가 된다.
$(6+a) \times 2 = (6-a) \times 3$
$\therefore a = \dfrac{6}{5}$

따라서 충주호의 유속은 $\dfrac{6}{5}$km/h이다.

38 ▶ ①
245/50ZR18 104W
245 : 타이어의 단면폭
50 : 편평비
ZR : 레이디얼 구조
18 : 타이어의 휠 직경(인치)
104 : 타이어의 하중지수
W : 타이어의 속도기호

40 ▶ ①
'do you mind if I~?'는 '제가 ~해도 괜찮을까요?'라는 의미로, 상대방에게 허락을 구하는 표현이다.

제5회 모의고사

```
01. ②   02. ③   03. ②   04. ④   05. ③
06. ①   07. ④   08. ④   09. ④   10. ③
11. ⑤   12. ②   13. ④   14. ②   15. ⑤
16. ④   17. ③   18. ②   19. ④   20. ①
21. ②   22. ①   23. ③   24. ④   25. ②
26. ③   27. ①   28. ③   29. ④   30. ⑤
31. ④   32. ③   33. ④   34. ②   35. ①
36. ①   37. ⑤   38. ③   39. ①   40. ①
```

01 ▶ ②

$P = IV$

$I = \dfrac{P}{V} = \dfrac{12W + 12W}{6V} = 4(A)$

02 ▶ ③

×4, −8이 반복되는 규칙이다.

$3 \xrightarrow{\times 4} 12 \xrightarrow{-8} 4 \xrightarrow{\times 4} (16) \xrightarrow{-8} 8 \xrightarrow{\times 4} 32 \xrightarrow{-8} 24$

03 ▶ ②

C가 1층, E가 2층, B가 3층, D가 4층, A가 5층에 위치한다. 따라서 항상 참인 것은 ②이다.

04 ▶ ④

좌측부터 16 + 13 + 8 + 8 = 45(개)

05 ▶ ③

make presentations : 발표를 하다.

06 ▶ ①

② 치루고 → 치르고
③ 금새 → 금세
④ 허드레일 → 허드렛일
⑤ 아둥바둥 → 아등바등

07 ▶ ④

병따개에서는 받침점이 왼쪽 끝에 해당한다. $\dfrac{1}{5}$의 힘으로 뚜껑을 따기 위해서는 $a : 20$이 $1 : 5$이므로 $a = 4$(cm)이다.

08 ▶ ④

4를 기준으로 시계방향으로 5, 4, 3, 2, 1을 차례대로 곱한다. 따라서 ?에 들어갈 숫자는 420 × 1 = 420이다.

09 ▶ ④

A : Royal 호텔로 데려다 주세요.
B : 네, 이 도시는 처음 방문이신가요?
A : 네, 맞아요. 호텔까지는 얼마나 걸리나요?
B : 5분 정도 걸립니다. 여기서 그렇게 멀지 않아요. 여기입니다. 12달러에요.
A : 여기 돈 있습니다. 거스름돈은 됐습니다.

'take me the Royal Hotel', 'Keep the change' 등의 말을 통해 택시 안에서 이루어진 대화임을 알 수 있다.

10 ▶ ③

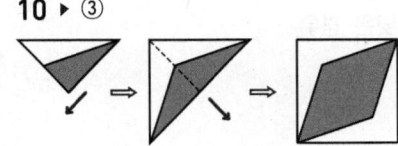

11 ▶ ⑤

①, ②, ③, ④는 포함 관계이다. 딸기는 과일에, 호랑이는 동물에 속한다.
⑤ 학생과 교사는 서로 포함되는 관계라 볼 수 없다.

12 ▶ ②

5의 배수인 경우는 일의 자리 숫자가 0, 5이어야 한다.
ⅰ) __ __ 0인 경우 : 백의 자리에 올 수 있는 숫자는 0을 제외한 7가지, 십의 자리에 올 수 있는 숫자는 백의 자리 숫자와 0을 제외한 6가지이므로 7 × 6 = 42(개)이다.
ⅱ) __ __ 5인 경우 : 백의 자리에 올 수 있는 숫자는 0, 5를 제외한 6가지, 십의 자리에 올 수 있는 숫자는 백의 자리 숫자와 5를 제외한 6가지이므로 6 × 6 = 36(개)이다.
따라서 5의 배수의 개수는 42 + 36 = 78(개)이다.

14 ▶ ②
러그는 차량 주행 방향과 직각 방향으로 배열된 패턴으로 숄더 부분의 방열이 우수하고 강력한 견인력을 발휘하여 제동성능과 구동력이 좋다.

16 ▶ ④
순서가 수학시간－국어시간－점심시간－음악시간임을 알 수 있다.

17 ▶ ③
65분은 $65 \times 60 = 3900$(초)이다.
1시간 32분 4초는 60분 + 32분 + 4초이고, 이는 92분 4초이므로, $92 \times 60 + 4 = 5524$(초)이다.
$3900 + 925 + 5524 = 10349$(초)

18 ▶ ②
①, ③, ④, ⑤는 유의어 관계이다.
②는 반의어 관계이다.

19 ▶ ④
윤활장치의 유압이 낮아지는 원인은 다음과 같다.
• 베어링의 오일 간극이 클 경우
• 오일펌프가 마모 또는 오일이 누출될 때
• 유압 조절 밸브 스프링의 장력이 작거나 절손될 때
• 오일의 양이 적을 경우
• 윤활유의 점도가 낮은 경우

20 ▶ ①
① assess － evaluate : 평가하다 － 평가하다 (유의관계)
② extend － reduce : 연장하다 － 줄이다 (반의관계)
③ cool － warm : 시원한 － 따뜻한 (반의관계)
④ clear － cloudy : 분명한 － 탁한 (반의관계)
⑤ exciting － boring : 신나는 － 지루한 (반의관계)

21 ▶ ②
A, B 버튼에서 1분당 제습 후 나오는 물의 양을 각각 x, y라 하면
$\begin{cases} 4x + 2y = 24 \\ 2x + 4y = 30 \end{cases}$
$\therefore x = 3,\ y = 6$
따라서 A, B 버튼으로 1분 동안 제습했을 때 나오는 물의 양은 9L이므로 전체의 $\frac{9}{60} = \frac{3}{20}$이다.

23 ▶ ③
입시준비 기간별 생활비 대비 사교육비 비율은 다음과 같다.
6개월 미만 : $\frac{23.4}{53.1} \times 100 ≒ 44.1(\%)$
6개월~1년 : $\frac{32.3}{57.3} \times 100 ≒ 56.4(\%)$
1년~2년 : $\frac{38.7}{60.2} \times 100 ≒ 64.3(\%)$
2년 이상 : $\frac{29.6}{55.1} \times 100 ≒ 53.7(\%)$
따라서 월 생활비 대비 사교육비 비율이 가장 높은 기간은 1년 이상~2년 미만이다.

24 ▶ ④
④ 생활비가 증가하면 사교육비도 증가하고 생활비가 감소하면 사교육비도 감소하므로 증감 추이가 같다.
① 6개월 이상~1년 미만 준비 기간을 가진 재수생 비중은 1년 이상~2년 미만 준비 기간을 가진 재수생 비중보다 $53.8 - 35.5 = 18.3(\%p)$ 더 많다.
② 1년 이상~2년 미만 준비 기간을 가진 재수생의 생활비 60.2만 원은 재수생 평균 생활비인 56.4만 원보다 많다.
③ 6개월 미만인 경우 10.5만 원, 1년 이상~2년 미만인 경우 3.3만 원으로 7.2만 원 차이 난다.
⑤ 1년 이상~2년 미만 준비 기간을 가진 재수생은 2년 이상 준비 기간을 가진 재수생보다 $\frac{35.5}{4.2} ≒ 8.5$(배) 많다.

26 ▶ ③
제시된 문장의 '안고'에서 '안다'는 '손해나 빚 또는 책임을 맡다'의 의미로 쓰였다. 이와 동일한 의미로 해당 단어를 사용한 문장은 ③이다.
①, ② 두 팔을 벌려 가슴 쪽으로 끌어당기거나 그렇게 하여 품 안에 있게 하다.
④ 두 팔로 자신의 가슴, 머리, 배, 무릎 따위를 꼭 잡다.
⑤ 담이나 산 따위를 곧바로 앞에 맞대다.

27 ▶ ①
유압식은 유압식 동력조향장치의 종류 중 하나이다.

28 ▶ ③
major 주요한, 중대한

30 ▶ ⑤

대부분의 배좀벌레조개는 바다에서 목재를 갉아먹어 이것이 해양 경제활동에 있어 경제적 손실로 이어질 수 있으나, 아바탄 강의 배좀벌레조개는 강바닥의 석회암 암반을 섭취할 뿐 인간의 경제활동에 해를 끼칠 만한 서식을 하지 않는 것으로 나타난다. 또한 이들이 돌을 갉아먹음으로써 초래되는 환경적 변화는 풍부한 서식 환경 제공으로 이어지므로 생태계 파괴를 유도한다는 것 또한 글의 내용과 일치하지 않는 설명이다.

31 ▶ ④

토크(T) = 구동력(F) × 반지름(R)

$F = \dfrac{T}{R} = \dfrac{50}{0.25} = 200(\text{kgf})$

33 ▶ ④

명제가 참이면 그 대우 역시 반드시 참이다. 그러나 명제가 참이어도 그 역과 이의 참·거짓 여부는 알 수 없다. 따라서 명제 3. '자신의 행동에 부끄러움을 못 느끼는 인간은 윤리의식이 없다.'의 이 '자신의 행동에 부끄러움을 느끼는 인간은 윤리의식이 있다.'는 반드시 참이라고 볼 수 없다.
① 명제 1의 대우명제, ② 명제 2의 대우명제, ③ 명제 3의 대우명제이며 ⑤는 명제 3과 명제 1을 보고 내릴 수 있는 결론이다.

34 ▶ ②

(A)는 체인으로 특징은 다음과 같다.
• 큰 동력의 전달 효율은 95% 이상 전달이 가능하다.
• 체인 탄성으로 충격 하중을 흡수할 수 있다.
• 접촉각이 90° 이상이면 전동이 가능하다.
• 미끄러움 없는 일정한 속도비를 얻을 수 있다.
• 길이 조정이 용이하다.
• 진동, 소음이 생기기 쉽다.
• 유지, 수리가 쉬운 편이다.
①, ③, ④, ⑤는 V벨트의 특징이다.

35 ▶ ①

'요리 : 냄비'의 관계를 보면 A : B = B는 A를 하는 데 필요한 것이다. 기계가 돌아가기 위해서는 ① 전기가 필요하다.

36 ▶ ①

> A : 실례합니다. 301번 버스 지나갔나요?
> B : 조금 늦었네요. 방금 지나갔어요.
> A : 오, 이런. 회의에 늦겠네요.

① 방금 지나갔어요.
② 걸어서 10분 정도 거리에요.
③ 교통이 혼잡해요.
④ 속도를 올리세요.
⑤ 경찰을 부르세요.

37 ▶ ⑤

⑤ 시프트 레버의 작동 불량은 기동 전동기의 전기자가 회전하면서 피니언이 링 기어에 물리지 않았을 때 일어나는 현상이다.

39 ▶ ①

① 탄도미사일은 연료를 태워 최고점에 쏘아 올려놓아진 후 중력 가속도로 떨어지기 때문에 종말 하강 속도가 음속의 20배 이상으로 빨라 요격이 어렵다.
② 북한의 대기권 재진입 기술 확보에 대해서는 의견이 엇갈리고 있다.
③ 순항미사일은 레이더 탐지를 피하기 위해 몇 십 미터 이하의 고도로 날아간다.
④ 사정거리 5,500km 이상인 것을 대륙간탄도미사일로 분류한다.
⑤ 미사일은 유도 기능이 있어, 유도 기능이 없는 로켓과 구별된다.

현대자동차

생산직 필기시험

현대자동차 생산직 필기시험 제1회 모의고사

현대자동차 생산직 필기시험 제2회 모의고사